PERFECCIONE SU INGLÉS
CON LA AYUDA DE DIOS

FRANCISCO B. GÜELL

CASA CREACIÓN
A STRANG COMPANY

La mayoría de los productos de Casa Creación están disponibles a un precio con descuento en cantidades de mayoreo para promociones de ventas, ofertas especiales, levantar fondos y atender necesidades educativas. Para más información, escriba a Casa Creación, 600 Rinehart Road, Lake Mary, Florida, 32746; o llame al teléfono (407) 333-7117 en Estados Unidos.

Perfeccione su inglés con la ayuda de Dios por Francisco B. Güell
Publicado por Casa Creación
Una compañía de Strang Communications
600 Rinehart Road
Lake Mary, Florida 32746
www.casacreacion.com

Las citas de la Escritura marcadas (NVI) corresponden a la Santa Biblia, Nueva Versión Internacional © 1999 por la Sociedad Bíblica Internacional. Usada con permiso.

Diseño de portada: Nathan Morgan
Director de Diseño: Bill Johnson

Library of Congress Control Number: 2009942457
ISBN: 978-1-59979-594-2

Impreso en los Estados Unidos de América
10 11 12 13 14 * 7 6 5 4 3 2 1

Índice

do, to be y to have. Verbos auxiliares de modo.
Tipos de verbos. Utilidad de los verbos auxiliares.
Verbos regulares e irregulares. Las formas del
verbo. El verbo básico. El plural de los verbos.
La forma pasado. La forma participio presente.
La forma participio pasado. Los tiempos de los
verbos. Prohibidas las confusiones. Los verbos
fundamentales. La contracción will. Los caballos
de batalla. Otras contracciones. Ejercicios del
capítulo 6.

Escuche esto el sabio, y aumente su saber; reciba dirección el entendido

Let the wise listen and add to their learning, and let the discerning get guidance

(Proverbios 1:5)

Cómo nació este libro

Cuando hace un tiempo atrás Dios puso en mi mente la idea de que la comunidad hispana cristiana necesitaba un libro fácil y sencillo para aprender inglés, que estuviera a tono con nuestras creencias, muchos expertos de la industria editorial se rieron de la idea.

Una gigantesca cadena nacional de tiendas se enteró por pura casualidad de la idea y consultó con la editorial Casa Creación, otro gigante en su giro, sobre la posibilidad de editar ese libro... y ambos decidieron ir contra la corriente de los demás expertos. Así nació *Aprenda inglés con la ayuda de Dios*.

Como persona, siempre me he dejado llevar —primero por mi fe y después por la lógica y el sentido común— en todo lo que hago. La lógica me decía que si la población hispana de Estados Unidos crecía geométricamente cada año, principalmente por la llegada de inmigrantes latinos, hasta haber llegado a convertirse en la minoría poblacional más grande de la nación... esas personas necesitaban aprender inglés lo más rápido posible para poder abrirse paso en este su nuevo país.

A esa lógica se añadió el susurro del Señor a mi oído para recordarme que, dentro de esos recién llegados, cada vez eran más las personas que lo aceptaban a Él como su Salvador. Por eso yo estaba seguro que el libro iba a gustar. Así y todo, tengo que admitir que hasta a mí me sorprendió lo grande que fue su acogida por el público.

Para sorpresa de muchos, el libro se convirtió en un "best seller" de la noche a la mañana y, a la fecha en que escribo estas líneas, *Aprenda inglés con la ayuda de Dios* ha sido reimpreso cinco veces, en menos de dos años.

Aprenda inglés con la ayuda de Dios hoy realiza su labor instructiva en cada ciudad donde hay inmigrantes hispanos o hispanos no inmigrantes pero con deseos de progresar en el mundo académico o empresarial. Así que puedo, sin reserva alguna, usar una vieja frase española para describir su actual función: "El libro está haciendo su trabajo, como Dios manda".

Hablemos ahora de esta obra que tiene en sus manos y la razón de su existencia.

Después del éxito de *Aprenda inglés con la ayuda de Dios*, muchas personas se acercaron a Casa Creación, e inclusive a mí, para decirnos que el libro era maravilloso pero que se habían quedado con ganas de seguir leyendo y aprendiendo... y para preguntarnos cuándo salía el segundo, uno que ampliara más sobre el tema.

Tengo que reconocer que entonces el escéptico fui yo. Pensaba que el primer libro estaba cumpliendo su misión básica y que la idea no era convertirlo en un curso universitario, lo que es imposible en unos cuantos tomos. Pero según pasaba el tiempo iban aumentando las peticiones por ese segundo libro de inglés. Mientras tanto me había dedicado a observar el auge del desempleo en el país y los problemas económicos que ello produce en cada familia... y era mi opinión que un libro que ayudara a la población hispana a ganar dinero desde su casa realizando diferentes actividades, como una opción a encontrar un empleo adecuado —cada vez más difícil de encontrar— tendría más sentido en la actual situación que vivimos y ayudaría más a nuestra comunidad.

La interrogante que se desarrolló en mi interior fue que muchos me pedían el segundo libro de inglés, pero yo me inclinaba al de ganar dinero desde la casa. ¿Cuál debía escribir? Como hago en toda encrucijada que aparece frente a mí, dejé la decisión en las manos de Dios, que como siempre, obra de maneras misteriosas.

En esta ocasión, su misteriosa manera vino, poco después, en forma de una sorpresiva llamada de Casa Creación para preguntarme si estaba dispuesto a escribir no uno, sino los dos libros.

Las páginas ya impresas de este segundo libro son la mejor confirmación de que, con la ayuda de Dios, todo se puede. Tal hecho es la simple respuesta a la pregunta que muchos se hicieron a la salida del primer libro —o que quizás se hagan ahora si no lo leyeron— y *Perfeccione su inglés con la ayuda de Dios* es la primera vez que se topan con el concepto que las dos libros contienen. ¿Qué tiene que ver Dios con aprender o perfeccionar el inglés?

Sencillamente que... con la ayuda de Él, todo se puede.

Capítulo 1

Perfeccione su inglés

Estoy convencido de esto: el que comenzó tan buena obra en
ustedes la irá perfeccionando hasta el día de Cristo Jesús.
—Filipenses 1:6

Being confident of this, that he who began a good work in you will
carry it on to completion until the day of Christ Jesus.
—Philippians 1:6

Razones para aprender un mejor inglés

En mi primer libro *Aprenda inglés con la ayuda de Dios*, expliqué las razones por las que la mayoría de las personas desean aprender a hablar el idioma inglés. Las mismas siguen siendo solo dos, y son simples.

- Desean emigrar a los Estados Unidos y prepararse con anticipación al viaje, o ya emigraron, residen aquí, y necesitan el inglés para abrirse paso en este país.

- Necesitan hablar inglés con propósitos de estudio, profesión o comercio, aun si residen en un país hispano y no piensan emigrar.

Y explicamos también que el inglés se ha convertido en el idioma del progreso, lo mismo dentro de los Estados Unidos —según enseña el poder social, político y económico que alcanzaron con rapidez los grupos étnicos que llegaron a este país décadas atrás— como debido al poder adquirido por grupos inmigrantes que, a partir de la segunda generación, se enfocó en el aprendizaje del inglés.

Por otro lado, es irrefutable que el inglés se ha convertido en el idioma universal para los negocios y la diplomacia internacional.

Es indiscutible también que el ser humano que desee progresar nunca debe cesar de aprender. Y para todo estudiante serio, la búsqueda de perfeccionar su conocimiento es una constante. No debemos confundir este afán de perfección con una ambición de ser perfectos, ya que solo Dios lo es, sino con el deseo de ser lo mejor posible en todo lo que hagamos, ya que siendo mejores halagamos al Señor.

De manera que, sea que usted leyó el primer libro y desea

perfeccionar lo que en él aprendió, o que sin leer aquel, desea mejorar el idioma inglés que de alguna manera ya habla, *Perfeccione su inglés con la ayuda de Dios* le ayudará a hacerlo de una manera fácil y muy diferente a los usuales métodos de enseñanza de idiomas, con sus rígidos procedimientos e incomprensibles pronunciaciones.

De hecho, si usted es de los segundos arriba mencionados, los que no leyeron el primer libro, le aconsejo que adelantaría más su aprendizaje en este, si antes lee el más básico —*Aprenda inglés con la ayuda de Dios*— para que así se acostumbre al sencillo sistema de enseñanza que usamos en ambos.

Por qué es fácil el inglés

Aprender inglés es fácil. Perfeccionarlo solo toma un poquitín más de tiempo porque implica más repetición y práctica. En el libro anterior explicamos por qué es fácil aprender. Veamos rápidamente.

1) El inglés tiene menos palabras que el español. El español tiene un promedio de casi 12,000 verbos. El inglés tiene alrededor de 6,000 (y en el libro anterior enseñamos a entendernos en inglés con menos de veinte verbos)… y muchas palabras inglesas tienen más de un significado, así que son menos palabras que aprender.

2) Las consonantes de ambos idiomas suenan igual. Las vocales si se pronuncian diferentemente… pero eso es un mal menor.

3) Es posible que muchas palabras inglesas ya sean conocidas por el lector puesto que han "permeado" hasta nuestro idioma ayudando a crear ese lenguaje híbrido que llamamos "Spanglish".

4) Muchas palabras del inglés tienen raíces de otros idiomas, especialmente del latín, el mismo de donde proviene nuestro español. Eso permite reconocer el significado de ellas por su parecido entre los dos idiomas… aunque se pronuncien en forma diferente.

5) Muchas palabras se escriben igual en ambos idiomas, aunque puede que se pronuncien de una manera distinta.

Aunque no lo crea, aunque pronunciemos mal alguna palabra o frase, los estadounidenses están acostumbrados a que muchas personas hablen el idioma de diversas maneras, aun siendo nacidas aquí.

En el país, cada región tiene su propia y característica manera de pronunciar y hasta diferente "cantar" (modulación). Además, el inglés, que no está regido por ninguna Academia de la Lengua que lo vigile y regule —como es el caso de nuestro español—, es un idioma flexible y cambiante, según pasa el tiempo. El inglés que se habla hoy no es exactamente el mismo que se hablaba cien años atrás. De manera que despídase del miedo. Háblelo lo más posible, con errores al principio y todo. La perfección viene con la práctica.

Capítulo 2

CÓMO USAR ESTE LIBRO

"Así dice el Señor Todopoderoso, el Dios de Israel: 'Ve y dile a toda la gente de Judá y Jerusalén: ¿No pueden aprender esta lección, y obedecer mis palabras? —afirma el Señor'."

—Jeremías 35:13

"This is what the LORD Almighty, the God of Israel, says: Go and tell the men of Judah and the people of Jerusalem, 'Will you not learn a lesson and obey my words?' declares the LORD".

—Jeremiah 35:13

Diferencias con el primer libro

Perfeccione su inglés con la ayuda de Dios puede parecer similar, pero es un libro totalmente distinto a su predecesor. Aquel enseñaba un inglés muy básico que hacía referencia a muchas situaciones (restaurantes, médicos, tiendas, viajes, etc.) que la persona encuentra en su diario vivir y en el que el idioma se enseñaba con miras a que el estudiante pudiera establecer una comunicación hablada en inglés lo antes posible. Por eso, las partes del idioma se iban enseñando según fuera necesario, pero sin un orden gramatical perfecto.

Este segundo libro, como su nombre indica, pretende que usted perfeccione lo aprendido en el primero, o lo que sabe ya por otros medios, y para ello es necesario apoyarse en la gramática inglesa de una manera más profunda.

Sin embargo, el uso de esta obra, y su método, es similar al anterior. No se usan los símbolos de fonética internacional para ilustrar la pronunciación de las palabras en inglés, como en otros libros de enseñanza del idioma. Es mi modesta opinión que pocas personas logran entender la pronunciación de dichos símbolos fonéticos, que usan letras griegas y del latín.

Cómo explicamos la pronunciación en este libro

En esta obra se usa nuestra propia pronunciación castellana cotidiana para describirle a usted cómo se oyen las palabras en inglés.

Entender nuestro método es muy fácil.

1) Las palabras en **inglés** aparecen en tipografía **"negrita"**, más oscuras.

2) A su derecha, en letra *cursiva*, o *"manuscrita"*, aparece la pronunciación en inglés, usando ortografía y pronunciación española.

3) Al final, aparece el significado en español, es decir su traducción, en letra normal.

En resumen, las frases que aprenderá aparecerán de izquierda a derecha:

Letra **"negrita"**: inglés

Letra *"cursiva"*: pronunciación inglesa

Letra "normal": español

Letras al final de algunas palabras

En español, a veces nos "comemos" (saltamos u omitimos) algunas letras al final o al principio de las palabras y no las pronunciamos. A veces hacemos eso hasta en mitad de ellas. En el inglés, es bien <u>importante</u> que cada letra se pronuncie pues de no hacerlo se podría cambiar totalmente el significado de la palabra.

El problema se agrava cuando una palabra en inglés termina con una consonante "silbante", precisamente las que en español más nos abren el apetito para "comerlas".

Para su mayor facilidad, en aquellas palabras que es <u>sumamente necesario</u> que la letra final se pronuncie, sea una "**s**", una "**d**", una "**t**", etc., hemos puesto un guión detrás de la letra y después hemos repetido la misma letra "**s**", o "**t**" o la letra que sea, para que usted recuerde que debe <u>pronunciarla completamente</u>. O sea, el guión es señal de que la letra que se está duplicando y separando, debe pronunciarse por completo.

Ejemplo:

God loves = *Gad lavs-s* = Dios ama

Aquí, nuestra mala costumbre de eliminar letras va a tratar de que nos limitemos a decir *Gad lav* sin la "**s**" final. Pero ese *"lav"* se parece sospechosamente a la pronunciación de **"Laugh"** *"laf"*, que significa: Ríe.

En vez de "Dios ama", podría parecer que decimos: "Dios ríe".

Para pronunciar *"lavs-s"* (ama) correctamente es importante que esa "**s**" final se oiga. Y para recordárselo, la repetimos y ponemos después de un guión *"lavs-s"*.

Sabemos que cada país hispano tiene sus propias características y "malas costumbres" en cuanto a la pronunciación de sus palabras. Similarmente esto también ocurre en cierto grado en el inglés. Los estadounidenses, ingleses, canadienses, australianos, etc., hablan el inglés con ciertas características propias, de un modo que no podemos aspirar a enseñar en ningún libro de aprender el idioma.

Si usted habla un inglés puro, como enseñamos en este libro, cualquier persona de habla inglesa le entenderá perfectamente y pasará a hablarle de la misma manera, dejando a un lado su "forma" propia de inglés.

Letras al principio de algunas palabras

En español, también eliminamos a veces algunas letras al principio de las palabras o —lo que es peor— la pronunciamos en español cuando estamos tratando de decirlas en inglés.

Por ejemplo, la palabra Small que significa "pequeño o pequeña" en español.

Small   *s-smól:*   Pequeño o pequeña

Es común que queramos pronunciarla *esmól*

Porque estamos acostumbrados a que esas "**s**" al principio de una palabra se pronuncien "**es**", con una "e", en español.

Pero si decimos *"esmól"*, nadie nos entendería en inglés.

Es importante que usted empiece a pronunciar esa palabra (u otra similar) usando una "**s**" pura y sonora, casi un soplido con la lengua detrás de los dientes. Y por eso describimos nuestra pronunciación como *"s-smól"* repitiendo la "s" inicial y volviendo a poner un guión, ahora al principio, para recordarle que no hay ninguna "e" y solo una "**s**"… que <u>debe de hacerse escuchar</u>.

Practique, practique y después... practique

La práctica requiere constancia y dedicación.

- Dedique al menos media hora al día a estudiar este libro, hágalo una rutina y se sorprenderá usted mismo de lo rápido que su inglés va mejorando. Tal como recomendé en el libro anterior, si en su ciudad hay alguna iglesia que ofrezca servicios en inglés, asista a estos, preste atención a las palabras del pastor. Como ya usted conoce la Palabra, notará que irá entendiendo cada vez más lo que él o ella prediquen.
- Vea programas de televisión en inglés lo más que su tiempo libre

le permita o trate de escuchar estaciones radiales de habla inglesa. Escuche los sonidos de las diferentes pronunciaciones y repítalas.

- Si conoce alguna persona de habla inglesa, pídale que converse con usted en inglés con la mayor frecuencia posible. No se avergüence si al principio se equivoca mucho. Nadie es un genio de nacimiento. El esfuerzo que usted haga por superarse es digno de admiración.

Práctica, el secreto es solo repetición y práctica.

Nuestro sistema

Otros libros o métodos para aprender inglés comienzan a partir de frases ya hechas para que usted pronuncie y aprenda de memoria, aun sin saber el por qué de su pronunciación o su ortografía. *Aprenda inglés con la ayuda de Dios* y *Perfeccione su inglés con la ayuda de Dios* prefieren empezar tal y como lo hacemos cuando aprendimos el español, por lo básico primero.

Hace poco encontré un libro que decía enseñar a pensar en inglés. Al abrirlo, encontré que también empezaba desde la primera página con frases ya hechas para memorizar. A mí en lo personal, se me hace muy difícil creer que se puede enseñar a pensar. El pensar en un idioma diferente al nativo es algo que se crea por sí solo después que nuestra mente se acostumbra a una repetición de lo mismo. Por desdicha, al principio tenemos que hacer un esfuerzo mental para pensarlo en nuestro idioma, traducirlo en la mente y hablarlo en inglés. Pero al hablarlo y repetirlo una y otra vez nuestra mente se va acondicionando y poco a poco comenzará a pensar en inglés. Por eso hago tanto énfasis en la práctica diaria. Para caminar ponemos primero un pie adelante y luego el otro. Esa es mi filosofía de enseñanza.

En el primer libro estudiamos primero las vocales, las consonantes y sus pronunciaciones; después los verbos, etc., en el mismo orden tal como estudiamos la gramática española. Fue como nos enseñaron desde pequeños y es como nuestra mente capta más fácilmente las diferentes pronunciaciones entre un idioma y otro. En este libro llevaremos también un orden, pero siguiendo el de la construcción de las oraciones que constituyen el hablar inglés.

Como nuestro propósito es que perfeccione lo que ya sabe, en este libro tenemos muchos más ejercicios que en el anterior, así que usted practicará lo que se enseña en la lección que le precede.

Las palabras inglesas que hemos escogido para impartir la enseñanza de este idioma han sido seleccionadas en base a la utilidad que luego tendrán para usted cuando converse en inglés. Eso incluye las palabras relacionadas a la práctica de la fe cristiana, que usualmente no se encuentran en otros libros.

En *Perfeccione su inglés con la ayuda de Dios,* pasamos ahora a enseñar en más detalle cómo construir las frases y oraciones que constituyen el diario hablar de nuestros primos anglos.

Capítulo 3

Aprenda a construir

"Ahora, hijo mío, que el Señor tu Dios te ayude a construir su templo, tal como te lo ha prometido."
—1 Crónicas 22:11

"Now, my son, the LORD be with you, and may you have success and build the house of the LORD your God, as he said you would".
—1 Chronicles 22:11

Propósito del libro

La base, el fundamento, de cualquier idioma es su gramática. Si una persona no logra dominar la gramática de ese idioma nunca lo hablará correctamente. Y el inglés no se queda atrás. El propósito principal de este libro es enseñar al lector cómo tratar adecuadamente la gramática inglesa.

En el libro anterior, mucho más básico, dimos los primeros pasos en esta dirección pero concentrándonos en los elementos sueltos del idioma para facilitar el hablar y conversar en inglés lo más rápido posible de una manera en que pudiéramos comunicarnos con la otra persona. En *Perfeccione su inglés con la ayuda de Dios* vamos más allá. Vamos a aprender a construir el idioma utilizando la gramática como sus ladrillos o piedras de construcción.

La pirámide del habla

Veamos la gramática como algo que se construye con bloques, piedras, ladrillos, etc. ¿Cuál es la construcción hecha por el hombre que más siglos ha durado, no son las pirámides de Egipto? Usemos entonces ese mismo modelo de construcción para que nuestra gramática inglesa sea una que perdure en nuestra memoria.

Las piedras de la pirámide

La primera piedra

La primera piedra o bloque de nuestra obra, que llamaremos *"hablar"*, será el **sustantivo**, **sujeto** o **nombre** de la oración. A efectos de simplificación, llamémosle el **nombre** (**"Noun"**, en inglés *Náun*), aunque en la gramática castellana se use más la palabra sustantivo.

El **nombre** es la palabra que se usa para designar un ser vivo, una cosa inanimada y hasta una idea o sentimiento, en una frase u oración. Ejemplos: Luis, Carmen, hombre, pastor, Biblia, cruz, amor, etc.

> ### Nombre o sustantivo

Y la razón por la que el nombre es la primera piedra en nuestro *hablar* es porque alguien tiene que ser o hacer algo en la frase u oración.

De esta manera veremos que la oración más simple de todas es aquella que tiene un nombre y un verbo. El verbo es la palabra que expresa una acción o un estado de ser del nombre.

Por consiguiente, una oración bien simple sería la que usamos al principio del libro:

God loves	*Gad lávs-s*	Dios ama

Otros ejemplos pueden ser:

Lucy studies	*Lucy s-stódis-s*	Lucy estudia
John jumps	*Yón yómps-s*	Juan salta
The Bible teaches	*Dá Báibel tíches*	La Biblia enseña

La segunda piedra

La segunda piedra de nuestra pirámide es el **adjetivo (Adjective** *Adyéktif-f).*

¿Por qué el **adjetivo** y no el verbo? Porque el adjetivo es la palabra que se usa en ocasiones para modificar o alterar al nombre, así que todavía no hemos llegado al importantísimo verbo.

Ejemplos de adjetivos:

Rojo, verde, tres, cuatro, algunos, estos, etc.

Los estudiaremos en detalle en el capítulo dedicado a ellos.

> ### Adjetivo

La tercera piedra

Esta es la más importante piedra o bloque de esta construcción, ya que es el **verbo (Verb** *Vérb-b),* y el verbo es la palabra fundamental de toda frase u oración puesto que solamente ellos pueden decir lo que la persona o cosa (el nombre) **hace** o **es**. Sin un verbo, la frase no es tal cosa sino una reunión de palabras sin un orden significativo ni descriptivo.

Estudiaremos los verbos como se lo merecen en el capítulo 6.

La cuarta piedra

Esta siguiente piedra se llama adverbio (**Adverb** *Advérb-b*) y también es importante ya que es el vocablo de una frase u oración que ayuda a **modificar** al verbo. Su función es **expandir** el significado del verbo. De manera que si queremos recordar cuál es el trabajo del adverbio usando alguna ayuda para la memoria, podemos emplear una muy fácil: "verbio" obviamente significa "verbo". La palabra o prefijo "ad", que va delante de "verbio" puede usarse para recordar la palabra "además"... ad - emás. Y con eso consiguen una imagen mental que les dirá:

Adverbio = ad-emás del verbo.

que es la realidad de lo que es un adverbio, una palabra además, una palabra adicional... al verbo, que sirve de ayuda a este.

La quinta piedra

Esta piedra puede parecer más pequeña pero es bien grande en términos de ayudarnos a entender lo que la frase u oración **dice** cuando la otra persona nos habla. Se llama **preposición** (**Preposition** *Preposíchon*) y casi siempre va colocada delante del nombre o despues del verbo en la frase.

¿Cómo nos ayuda la preposición a entender lo que la otra persona nos quiere decir?

Las preposiciones nos señalan una **relación** entre dos palabras dentro de una frase y también añaden a su significado.

Veamos:

La Biblia está arriba de la mesa
The Bible is on top of the table
Da báibel is on tap of da téibol

Aquí la palabra "arriba" (**on top of**) es la preposición y nos ayuda a definir dónde está la Biblia al crear una relación mayor entre la ella y la mesa, que si hubiéramos dicho solamente que la Biblia estaba en la mesa.

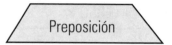

Preposición

La sexta piedra

Las **conjunciones** (**Conjuctions** *Canllók-chons-s*) son nuestra sexta piedra en esta pirámide del *habla*. Son palabras sencillas que usamos todos los días sin saber la importancia que tienen.

Una conjunción es simplemente el vocablo que une dos palabras o ideas iguales dentro de una frase. Y en esta oración que acabo de escribir he usado una. La "o" que escribí entre "palabras" e "ideas". Las conjunciones pueden unir palabras, frases y hasta oraciones.

Por ejemplo:

Lucas y Marcos fueron discípulos de Jesús
Luke and Mark were disciples of Jesus
Lúk and-d Mark-k güéar dísciples-s of Yísus

Es obvio que la palabra "y" (**and**) es la conjunción ya que une dos palabras iguales (dos nombres), Lucas y Mateo. ¿Ven lo importante que es?... acabo de volver a usar una.

Conjunción

La séptima piedra

Esta es la última piedra... el pico de la pirámide. Se llama "exclamación" en español e **"interjection"** (*Inter-yék-chen*) en inglés y posiblemente sea la palabra que pone de fiesta a la frase u oración.

Lo más simpático de todo es que las interjecciones pocas veces se escriben en el papel, pero abundan en el hablar, tanto en inglés como en español, porque enriquecen lo que se dice.

Son palabras realmente tan poderosas que a veces ellas solas constituyen toda una frase.

Si usted, colocando un cuadro en una pared, se da un martillazo en un dedo y grita: ¡Ay!, no tiene que decir más nada para expresar o decir lo que ha pasado. Toda persona que oiga su lastimero ¡Ay! lo sabrá al momento. Ese es el valor y poder de las interjecciones.

La pirámide del *habla* construida

Uniendo todas las piedras, nuestra pirámide del *habla* queda completamente formada.

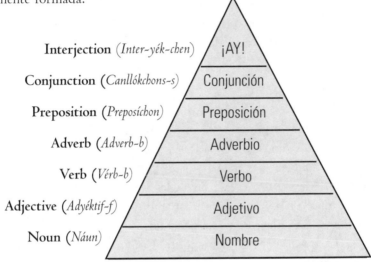

El tren del habla

Desde luego, si no quiere pasar el trabajo de construir una pirámide y prefiere algo más simple, puede usar el modelo del "tren del *habla*":

Nombre + Adjetivo + Verbo + Adverbio + Preposición + Conjunción + Interjección = *Hablar*

Ya sea para verlas como tren o como pirámide, estas son las siete partes vitales del *hablar*, según la gramática anglo. Ellas forman la base sobre la cual su conocimiento del idioma inglés se perfeccionará. Asegúrese de estudiar cada parte a fondo y estudie la relación profunda que cada parte tiene con la que le precede y la que le sigue, hasta conformar eso que llamamos "hablar inglés".

Pasemos ahora capítulo por capítulo, a explicar cada parte del correcto *hablar* en inglés.

Entonces Dios el Señor formó de la tierra toda ave del cielo y todo animal del campo, y se los llevó al hombre para ver qué nombre les pondría. El hombre les puso nombre a todos los seres vivos, y con ese nombre se les conoce.

—Génesis 2:19

Now the LORD God had formed out of the ground all the beasts of the field and all the birds of the air. He brought them to the man to see what he would name them; and whatever the man called each living creature, that was its name.
—Genesis 2:19

Función del nombre

Tal como explicamos al principio, en español —según la época en que estudiamos la gramática— encontramos que al nombre en la oración también se le llama "sujeto", o más comúnmente, "sustantivo", que todavía se usa. Como en inglés hoy en día se usa más llamarlo "**Noun**" (*náun*), que significa nombre, escogimos este "nombre del nombre" para identificar esta parte de la oración.

¿Cuál es la función del nombre? Como respondería un muy castizo ciudadano español:

"Pues, hombre, nombrar… ¡vaya pregunta!" Y verdaderamente esa es la única respuesta.

El nombre en una oración sirve para designar, nombrar personas, cosas o lugares, seres inanimados, animales y hasta ideas o conceptos.

Género

En español los nombres o sustantivos pueden tener sexo o géneros (masculino y femenino), pero en inglés no, lo que hace más fácil el idioma. En inglés, un nombre se considera masculino (**masculine** *mas-quiú-lín*) si lo que está nombrando es de ese sexo, y se considera femenino (**femenine** *feme-nín*) si lo que nombra es relativo a hembra. Curiosamente, por lo regular, los barcos, aviones y autos se consideran femeninos.

La mayoría de las veces, para decir que un nombre es femenino se le agrega el adjetivo **female** *fí-méil*, que significa "hembra", a la palabra. Por ejemplo, en español podemos hablar de un amigo o una amiga. "Amigo" es un nombre que en español tiene sexo o género. En inglés solo tenemos el nombre **friend** *frénd-d* que puede ser amigo o amiga, así que si queremos definir que alguien es una "amiga" tenemos que decir:

Female friend	*fí-méil frénd-d*	amiga (o amigo hembra)

En algunas raras ocasiones podemos formar un nombre femenino añadiendo la terminación "**ess**".

Ejemplo:

Lion	*lá-i-on*	León
Lioness	*lá-io-nes*	Leona

Cantidad

Los nombres también indican cantidades o números y, por lo tanto, tienen <u>singular</u> y <u>plural.</u>

El plural de la mayoría de los nombres se forma añadiendo la letra "**s**", pero hay excepciones. Más adelante estudiaremos las maneras de formar los plurales.

Tipos de nombres

Los nombres pueden clasificarse en varias categorías. Y cada libro o profesor de inglés tiende a tener diversas categorías, pero algunas se repiten. Estas son las más comunes:

<u>Proper name</u> *Pró-per néim-m* Nombre propio

El nombre propio describe personas, cosas o lugares específicos. Y, dentro de esa categoría, es obvio que se incluya el nombre de cada persona, el que se le dio al nacer.

Los nombres propios, aun si son de cosas o lugares deben escribirse siempre con letra mayúscula.

Ejemplos:

Tessie	*té-si*	Alex	*alex-x*
Frankie	*fran-ki*	Moises	*mói-ses-s*
David	*déi-vid-d*	William	*uí-liám-m*
Nicholas	*ní-ko-las*	Peter	*pí-rer*
Jeremy	*yére-mi*	John	*yón*

Maria	marí-a	Gabrielle	ga-briél-l
Isabel	í-sabel-l	Spain	s-spéin
Mexico	méxi-cóu	Puerto Rico	puero-rícou
Cuba	kiú-ba		

Los apellidos también son considerados nombres propios.

Common name *Cá-men-n néim-m* Nombre común

Los nombres comunes, por lo general, identifican grupos o conjuntos de personas, lugares o cosas.

Ejemplos:

shoe	s-shú	zapato en general
candle	cán-del-l	vela común
clock	clák	reloj genérico (de pared o mesa)
river	rí-ver-r	río en general

Compound name *cám-páund-d néim-m* Nombre compuesto

Los nombres compuestos son aquellos que nombran o identifican un "algo" sencillo, o un concepto simple, a través de dos o más palabras.

Ejemplos:

Father-in-law	fá-der in ló	Suegro (Padre por ley)
T-shirt	tí-chért-t	Camiseta tipo T
Repair Shop	ripéar-r sháp	Taller de reparaciones
Suntan Lotion	son-tán lóuchion	Loción para broncearse al sol (o contra el sol)
Doorman	dóar man	Portero
Firefighter	fáier fairer	Bombero (combate incendios)
Post Office	póust-t áfiz	Oficina de correos

Cómo formar el plural

1) Si el nombre o sustantivo termina en una vocal
Solo añada una "s".

Bible	báibel	Biblia	=	Bibles	báibels-s	Biblias
Zoo	zú	Zoológico	=	Zoos	zú-us	Zoológicos
Radio	réidiou	Radio	=	Radios	réidious	Radios
Plate	pléit-t	Plato	=	Plates	pléits-s	Platos

2) Si el nombre termina en una consonante que no sea "s", "ch", "x", "y" o "z"

(Esto es fácil de memorizar… recuerde la "s" y la "ch":, y las tres últimas letras [x, y, z].)

Solo añada "s" igual que con las vocales.

Book	búk	Libro	=	Books	búks-s	Libro
Cellular	célular	Celular	=	Cellulars	célulars-s	Celulares
Ball	ból	Bola	=	Balls	bóls-s	Bolas
Word	güer-d	Palabra	=	Words	güer-ds	Palabras

3) Si el nombre termina en la consonante "y" después de una vocal

Solo añada una "s" igual que con las vocales

Toy	tói	Juguete	=	Toys	tóis-s	Juguetes
Way	üéi	Camino	=	Ways	üéis-s	Caminos
Bay	béi	Bahía	=	Bays	béis-s	Bahías
Day	déi	Día	=	Days	déis	Días

(Note que en los cuatro casos anteriores solo tiene que añadir una "s".)

4) Si el nombre termina en la consonante "y" después de otra consonante

Elimine la "y" y añada "ies"

Family	fámili	Familia	=	Families	fámilis-s	Familias
Story	s-stóri	Cuento	=	Stories	s-stóris-s	Cuentos
Lady	léidi	Dama	=	Ladies	léi-dis	Damas
Sky	s-skái	Cielo (*)	=	Skies	s-skáis-s	Cielos

(*) Sky es el nombre del cielo físico. El nombre del cielo bíblico es heaven (jé-ven)

5) Si el nombre termina en una consonante "s", "ch", "x", o "z"

(Note que son las consonantes que necesitan expulsar aire a través de los dientes para pronunciarlas.)

Solo añada "es".

Church	chérch	Iglesia	=	Churches	chérches-s	Iglesias
Glass	glás-s	Vaso (cristal)	=	Glasses	gláses-s	Vasos (cristales)
Lunch	lónch	Almuerzo	=	Lunches	lónches-s	Almuerzos
Watch	uátch	Reloj	=	Watches	uát-ches-s	Relojes (pulsera)

6) Si el nombre o sustantivo termina en "f" o en "fe"

Elimine la "f" o el "fe" y añada "ves".

| Wife | uáif-f | Esposa | = | Wives | uáiv-s | Esposas |
| Life | lái-f | Vida | = | Lives | láivs-s | Vidas |

| Half | já-f | Mitad | = | **Halves** | jávs-s | Mitades |
| Knife | náif-f | Cuchillo | = | **Knives** | náivs-s | Cuchillos |

Nombres que cambian totalmente

Algunos nombres cambian totalmente para pasar del singular al plural. Estos deben aprenderse de memoria pues no tienen una regla común. Afortunadamente son muy pocos. Los más frecuentes son:

SINGULAR				PLURAL		
Man	man	Hombre	=	**Men**	men	Hombres
Woman	wúman	Mujer	=	**Women**	uímen	Mujeres
Child	cháild-d	Nene / Niño	=	**Children**	chíl-dren	Nenes / Niños
Person	pérson	Persona	=	**People**	pí-pol	Gente (o pueblo)
Goose	gú-us	Ganso	=	**Geeze**	guí-íz	Gansos
Tooth	tú-z	Diente	=	**Teeth**	tí-z	Dientes
Foot	fút	Pie	=	**Feet**	fít	Pies

Hay otros pocos que no cambian nunca del singular al plural,

Deer	dí-er	Venado
Salmon	sa-almon	Salmon
Luggage	lá-guesh	Equipaje
Furniture	fér-ni-cher	Mueble
Gold	góu-ld	Oro
Sheep	shi-íp	Oveja

Finalmente hay otros, también pocos, que siempre se escriben en plural:

Alms	álms-s	limosna
Clothes	clóuz-z	ropa
News	niús-s	noticias
Politics	páli-tics	política
Scissors	sísers-s	tijeras
Thanks	zánks (o zénks)	gracias

Un consejo… los apellidos de las personas siempre se llevan al plural añadiendo una "s", no importa en cuál letra termine dicho apellido y anteponiendo el artículo "**the**" (*dé*) que ayuda a pluralizarlos ya que significa "los".[1]

Ejemplos:

Washington	*The Washingtons*	los Washington
Smith	*The Smiths*	los Smith
Torregrosa	*The Torregrosas*	los Torregrosa
Villanueva	*The Villanuevas*	los Villanueva
García	*The Garcías*	los García

Cuando el "nombre" se convierte en "sujeto"

Ya sabemos que todos los nombres, al igual que todas las partes de una oración, tienen una función dentro de ella. Y sabemos que el nombre es una de las más importantes, si no la que más. De manera que cuando un nombre pasa a ser la persona, lugar o cosa, de la cual se va a expresar o decir algo en la oración, usualmente añadiendo un verbo, ese nombre se convierte en el **sujeto** (**subject** *sób-yect*) de la oración.

En el primer ejemplo que hemos usado en este libro, **God loves,** God (Dios) es el sujeto porque es quién está haciendo algo.

Otros ejemplos:

Lourdes paints	*Lourdes péints-s*	Lourdes pinta
Yolanda sleeps	*Yolanda s-slíps-s*	Yolanda duerme
The Smiths went to church	*Dá s-smíz-s uént tu chérch*	Los Smiths fueron a la iglesia
The church opened its doors	*Dá chérch opend-d its dóars-s*	La iglesia abrió sus puertas
The Pastor gave a sermon	*Dé pástor guéiv-v ei ser-mon*	El pastor expuso un sermón

Cuando usted quiera saber quién es el sujeto de una oración, solo tiene que preguntarle al verbo. Para ello, use las interrogantes **who** (*Jú* ¿quién?) o **what** (*juát* ¿qué?).

Así, en la primera oración, preguntamos al verbo: **Who paints?** Y el verbo nos indicará que es Lourdes quien pinta, de manera que Lourdes es el sujeto de la oración.

En la segunda oración, preguntamos al verbo: **Who sleeps?** Y el

---

[1] El lector puede encontrar más ejemplos de plurales de nombres en la página 117 (capítulo 21) de *Aprenda inglés con la ayuda de Dios*, también de este autor, publicado por Casa Creación.

somnoliento verbo nos contestará que Yolanda es la que duerme, o sea, es el sujeto.

En la tercera oración hacemos lo mismo. **Who went to church?** El ya obediente verbo nos contestará que fueron los Smiths los que fueron a la iglesia.

En la cuarta oración, la pregunta al verbo —aquí en tiempo pasado—, **opened** (abrió), sería: **What opened its doors?** Y la respuesta obvia es **The church**, que es el sujeto.

Dejo al lector que averigüe, usando esta simple técnica, quién es el sujeto de la quinta oración. **The Pastor gave a sermon.**

Su nombre

Ya hemos visto un gran número de diversos tipos de nombres. Hablemos ahora de uno muy importante. El suyo. La importancia de su nombre se hace manifiesta cuando va a llenar alguna planilla o formulario que tiene diferentes espacios para que usted escriba. Esos espacios son, o están marcados, por lo regular, como:

First name. Este es su nombre propio. El que sus padres o abuelos escogieron y le dieron. Por eso a veces también se describe como **given name** *guí-ven néim* (nombre dado). Los latinos somos propensos a tener varios de ellos, especialmente los que fuimos bautizados décadas atrás cuando era común que se usaran nombres sacados de la Biblia, cuantos más a la vez, mejor. Tengo una hermana nombrada María de los Ángeles Benigna y Caridad. No les digo el mío completo porque la editorial me dio un límite de páginas para este libro. En la actualidad, la moda es diferente. Ahora se inventan nombres, especialmente para las niñas, a veces combinando un nombre sacando partes de dos… nombres inventados. De ahí nacen nombres como Yubelkis, Yazusnary, etc. En Estados Unidos, la norma es tener un solo **First name.** También es usual, especialmente en familias cristianas, que se tomen nombres tradicionales de la Biblia.

Middle name. O nombre del medio. Nosotros lo llamamos el segundo nombre. En este país la norma (no estricta) es tener dos nombres propios antes del apellido. Muchas veces nos preguntan solo la inicial del **middle name** en los cuestionarios. En ese caso vemos que piden la **middle initial** *mídel iní-chal.* Pero en este nombre del medio sucede algo curioso que les explico en el siguiente párrafo.

Last name. Nuestro apellido. Es el apellido de nuestro padre. También llamado o descrito como **surname.** En Estados Unidos es el único que se usa. En muchos países hispanos usamos también el apellido de la madre y firmamos con los dos apellidos, el del padre primero y el de la madre después. Esa no es la norma estadounidense. Lo usual es que la persona, para no olvidar a su progenitora, use el apellido de su madre como su **middle name.** En ese caso se da la, para nosotros rara, circunstancia de que se oye el apellido de la madre antes que el del padre. Por ejemplo: **John Fitzgerald Kennedy.** Dicho así, parece que el apellido del asesinado presidente era **Fitzgerald** (el apellido de su madre), pero en este caso se usaba como nombre del medio. Y por eso firmaba como **John F. Kennedy.**

Maiden name *méiden néim.* Este es el apellido de soltera de una mujer casada. Entre los latinos lo normal es que la esposa retenga su apellido paterno y a veces seguido con un "de" y el apellido del esposo. Es decir "ganaban" un apellido. Las esposas estadounidenses, hasta hace poco, se quitaban el apellido de soltera y usaban el del esposo. O sea, "perdían" el apellido del padre. Recientemente, desde la llamada "revolución femenina" de los años sesenta y setenta, algunas esposas mantienen su apellido original, seguido por un guión (-) y colocan el apellido del esposo. De ahí surgen las **"Jane Smith-Wilson".** Parece que se sintieron celosas de las esposas latinas.

Los apodos. En este país, los apodos (**nicknames** *ník-néims*) son tan frecuentes como entre nosotros. Por lo regular, es típico que el apodo sea el nombre propio en diminutivo, así **Thomas** se vuelve **Tommy** y **John** se vuelve **Johnny.** Pero también hay nicknames diferentes por completo al nombre propio original. El mismo **John** usa **Jack** como **nickname.** Pero eso no nos sorprende. Para nosotros, Ñico es apodo de Antonio y Paco es apodo de Francisco (en España). Es el mío por cierto. Aunque Pancho también es apodo de Francisco (en México). Sí… Pancho Villa era Francisco Villa, aunque en realidad se llamaba Doroteo Arango. Ah, ¡para qué complicarnos la vida!

La frase y la oración

Una frase es un conjunto de palabras que dicen algo.

Una oración es una frase que determina que algo se hace, se hizo, se hará o ya es… en un pensamiento completo. Para eso, el lector habrá podido deducir que necesita por lo menos un sujeto y un verbo. Ejemplo:

Moises prayed   *Mói-ses pré-id*   Moisés rezó o Moisés oró

El sujeto puede ser un nombre o un pronombre (estudiaremos los pronombres a continuación) y el verbo puede ser un verbo simple, pero lo importante es que ambos trabajen en conjunto para que la oración diga algo con sentido.

En ocasiones es necesario que el nombre dentro de la oración tenga un complemento que ayude a definirlo. Ese complemento es usualmente otro nombre y por lo general va detrás del verbo. En ese caso, el verbo es el bloque que une los dos nombres, el principal y el complemento. Ejemplo:

Moises was the leader   *Mói-ses uós da líder-r*   Moisés era el guía

En esta oración, **Moises** es el nombre principal, y "el guía" (**the leader**) es el nombre complementario. Ambos están unidos por el verbo **was**, que es una forma en pasado del verbo **to be** (*tú bí*) "ser".

Toda oración, si ha terminado su función de expresar un pensamiento completo, debe terminar con un punto. Es más, cuando vemos un punto en un párrafo, nos sirve para determinar que las palabras que le anteceden constituyen una oración completa.

El nombre posesivo

Un nombre puede usarse para indicar que el sujeto es dueño o posee algo. Ese "algo" es por lo regular otro nombre dentro de la misma oración.

Para indicar en inglés que un nombre o sujeto posee algo, solo hay que poner un apóstrofe al final del nombre, seguido de una letra "**s**".

Rafael's car   *Ra-fa-els-s car*   El carro de Rafael
Carmen's Bible   *Car-mens-s báibel*   La Biblia de Carmen

Si el nombre que posee algo terminase de por sí en una letra "**s**", solamente tiene que añadir el apóstrofe.

James' ball   *Yéims-s ból*   La pelota de James (Jaime)
Mr. Davis's pen   *Míster Déi-vis-s pen*   El bolígrafo del señor Davis

Los compañeros del nombre: artículos y pronombres

Artículos

Los artículos son palabras que ayudan a definir los nombres. Por eso los estudiamos en este capítulo. Y en inglés son solo tres: **a**, **an** y **the**, en lugar de los numerosos que existen en nuestro idioma.

La gramática inglesa determina que **a** y **an** son artículos indefinidos y, por lo tanto, establecen que el nombre es también indefinido (o un nombre común). El artículo **the** se usa cuando el nombre que le sigue si es un nombre definido o específico.

En la gramática española, nuestros artículos el, la, los, un, una, unos y unas, tienen género (sexo), como vemos en "un" y "una", y también tienen un muy marcado plural: "los, las, unos, unas". En inglés, los tres solitarios artículos no tienen género y solo **the** se usa para el plural, además del singular.

Una duda frecuente de todo estudiante del idioma inglés es si debe usar **a** o si debe usar **an** en una frase u oración. Pero es muy fácil determinar cuál artículo usar siguiendo estas reglas:

1) Las palabras **a** y **an** se usan exclusivamente delante de sujetos en singular.

   a) La palabra **a** se usa delante de sujetos que empiecen con una consonante.

Bobo is a dog	*Bóbou is e dag*	Bobo es un perro
Mary saw a movie	*Mé-ri só e mú-vi*	María vio una película

   b) La palabra **an** se usa delante de sujetos que empiecen con una vocal o una **h** muda (porque la **h** muda hace que lo que se oiga es la vocal que le sigue).

He is an honorary doctor	*Jí is an o-norari dáctor*	Él es un doctor honoris causa
She ate an orange	*S-chí éit an óranch*	Ella comió una naranja

2) La palabra **the** se usa delante de sujetos en singular o plural que indiquen algo único y en la mayoría de los casos en que haya una implicación de cantidad.

   The Bible is the word of God
   Da báibel is da üer-d of Gad
   La Biblia es la palabra de Dios

The class saw a game
Da clás-s só e guéim
La clase vio un juego

a) Regularmente se usa la palabra **the** delante de un singular generalizante:

The bus transports people
Da bós tráns-ports pí-pol
El ómnibus transporta gente.

b) Se usa the delante de números ordinales en fechas:

January the third
Yánuari da zérd-d
El tres de enero

c) Y delante de nombres de países:

The United States of America
De lú-náite-d S-téit-s of América
Los Estados Unidos de América

The Republic of Colombia
De Rípo-blic of Co-lom-bia
La República de Colombia

Los pronombres

¿Qué es un pronombre? Es una palabra que sustituye al sujeto (nombre) e identifica a una persona que se está interrelacionando con otra que está ejecutando una acción. Por lo tanto, los estudiamos dentro del capítulo de los nombres o sujetos.

Su uso es casi idéntico al de los pronombres en español. Por ejemplo, si digo:

She is praying *shí is pré-ying* (ella está rezando) refiriéndome a Maribel, que es quien está rezando, **She** (el pronombre) está sustituyendo al nombre Maribel en una oración que de otra manera diría: **Maribel is praying.**

Siguiendo nuestro método de estudiar el inglés de la misma manera que estudiamos el español, veamos los pronombres anglos en conjunto.

I	*(ái)*	Yo
You	*(llú-u)*	Tú, usted, ustedes (es singular y plural a la vez)
He	*(jí)*	Él

She	*(s-chí)*	Ella
It	*(ít)*	Ello (neutro) o él o ella (si son cosas, no personas)
We	*(uí)*	Nosotros
They	*(déi)*	Ellos o ellas

En inglés no hay diferencia entre **tú** y **usted** o **ustedes** (you). El tuteo con otra persona se determina por el contenido completo (el contexto) de la conversación y su forma de expresarla.

Vos y vosotros

"Vos" y su plural "vosotros" son pronombres de un español más antiguo, más castizo, más cerca del latín, que ya casi no se usa en nuestro idioma, con la excepción del catalán o en obras clásicas españolas. No tienen traducción al inglés.

El thou

Lo que si aparece en textos ingleses antiguos, y en algunos textos bíblicos, es una forma de pronombre que hoy en día es una mera curiosidad. Me refiero al "**Thou**" (dáo) que se usaba en lugar del **you**.

Thou	*(dáo)*	=	**You**	(Tú o usted)

Si usted es de los que gustan estudiar todo a fondo, **thou** tenía dos variantes más:

Thee	*(dí)*	=	(te, como artículo)
Thy	*(dái)*	=	(tu, como posesivo)

El burro 'alante

Cuando yo era pequeño y, de vez en cuando, cometía el error de mencionarme yo primero en alguna oración en la que participaban otras personas, y por ejemplo, decía: "Yo y Raulito vamos a la esquina", u otro disparate gramatical parecido en vez de decir: "Raulito y yo...", mi abuela me decía: *"El burro 'alante para que no se espante"*, como una manera de recordarme que lo correcto y educado era no ponerme yo primero en la oración, sino de último, y que si me ponía en primer lugar, yo era un "burro" por mal educado. Pues sucede que el mismo burro vive en el inglés. De manera que lo correcto a decir en una oración de ese tipo es **"Joe, Ted and I, are going to the store"** (*Joe, Ted and ái ar góin-g tu da stóa-r* Joe, Ted y yo, vamos a la tienda), o **"Jorge, Luis, Juan and I, went to the same school"** (*Jorge, Luis, Juan, and ái, uén-t tu da séi-m s-kúl*).

Escriba el plural de los siguientes nombres

Ejemplo: Camera <u>Cameras</u>

Banana _____

Bus _____

Day _____

Party _____

Boy _____

Life _____

Sheep _____

Person _____

Ring _____

Leaf _____

Complete la frase u oración con el artículo que corresponda: "a" o "an"

Ejemplo: The Garcías have <u>a</u> nice car

This one is ____ good car

John is ____ American citizen

Mother has ____ cold

The Smiths have ____ big pool

David, Sr. is ____ good Christian

Alex was ____ professional Scuba diver.

The horse is ____ animal

Nancy is ____ honest seller

Susan is ____ doctor

I am writing ____ autobiography

Escriba el posesivo de cada nombre

Ejemplo: Girl <u>Girl's</u>

Joseph _____

Policeman _____

Car _____

Horse _____

Thomas _____

Buses _____

Book _____

Churches _____

Birds _____

Emma _____

Lo seguían grandes multitudes de Galilea, Decápolis, Jerusalén,
Judea y de la región al otro lado del Jordán.
—Mateo 4:25

Large crowds from Galilee, the Decapolis, Jerusalem, Judea and
the region across the Jordan followed him.
—Matthew 4:25

La segunda piedra de nuestra pirámide del *habla* la constituyen los adjetivos. Estas pequeñas y a veces cortas palabras son importantes en la gramática inglesa porque modifican los nombres y pronombres haciendo más claro el significado de ellos, es decir, ayudando a describirlos mejor, y a veces hasta limitándolos.

Permítame explicarlo mejor. El sujeto, que puede ser un nombre o pronombre, es la parte de la oración que establece quién es o quién hace algo. Es decir, prácticamente da vida a la oración. Y ya sabemos que el verbo es la palabra que da la acción al sujeto, lo pone a hacer o ser algo. En este caso, los adjetivos son las palabras que le dan "sabor" a la oración.

Los adjetivos especifican el tamaño, el color, la forma, la cantidad, el carácter, la temperatura, la textura y hasta el sabor del sujeto. Observe la diferencia entre una oración sin adjetivos y otra con ellos.

Sin:

I have a pair of shoes
Ai jáv-v a pear of shús-s
Yo tengo un par de zapatos

Con:

I have a pair of brown, soft shoes
Ai jáv a pear of bráon, soft-t shús-s
Yo tengo un par de suaves zapatos marrón

En la última oración usé dos adjetivos, **brown** y **soft** que me ayudan a describir mejor mis zapatos para que la otra persona tenga una visión más clara de lo que estoy hablando.

En el idioma inglés, los adjetivos no tienen ni plural ni género (sexo). Usted puede usar el mismo adjetivo para describir un sujeto singular o uno plural.

Ejemplo:

I have one white dog
Ai jáv uán uái-t dag
Yo tengo un perro blanco

I have several white dogs
Ai jáv sevral uái-t dág-s
Yo tengo varios perros blancos

Aquí comprobará que el adjetivo **white** no cambia pese a que el número de perros varió.

Igualmente sucede con el sexo del sujeto o sustantivo. Podemos decir que el adjetivo es unisex porque se usa el mismo, sin cambio alguno, para algo femenino como para algo masculino.

Ejemplo:

Maria is a bright student
Maria is a brái-t student-t
María es una estudiante brillante

Jim is a bright student
Yí-m is ei brái-t s-túden-t
Jim es un estudiante brillante

Note que el adjetivo **bright** no se alteró en ninguna forma cuando se aplicó a María que cuando se aplicó a Jim.

Usualmente, el adjetivo, o los varios adjetivos para un mismo nombre, se colocan delante de este, como habrá podido apreciar en los ejemplos anteriores. Esto es a diferencia del español, donde usualmente colocamos el adjetivo después del nombre, como en la oración:

La flor amarilla

En inglés es al revés, el adjetivo va antes del nombre:

The yellow flower   *Da yélou fláuer*

Tipos de adjetivos

Hay cientos, quizás miles de adjetivos... los colores son adjetivos, los números son adjetivos, los tamaños son adjetivos, etc. En general podemos decir que hay varios grupos importantes. Ellos son:

- Adjetivos demostrativos
- Adjetivos posesivos
- Adjetivos numéricos (o definidos)
- Adjetivos indefinidos
- Adjetivos descriptivos
- Superlativos y comparativos
- Adjetivos irregulares

Adjetivos demostrativos

Los adjetivos demostrativos señalan, indican, hacia otras personas, cosas o lugares. Y como muchas cosas del inglés... son pocos. Solo son cuatro. Dos para el singular y dos para el plural. Ellos son:

<u>Para el singular</u>

| This | *dís* | este/ esta | (para cosas cerca) | This shirt | *dís chért-t* | Esta camisa |
| That | *dát* | aquel/ aquella | (para cosas lejos) | That shirt | *dát chért-t* | Aquella camisa |

<u>Para el plural</u>

| These | *dí-is* | estos | (para cosas cerca) | These shirts | *dí-is chérts* | Estas camisas |
| Those | *dó-ous* | aquellos | (para cosas lejos) | Those shirts | *dó-ous chérts* | Aquellas camisas |

Adjetivos posesivos

En los pronombres estudiamos los ya conocidos: **I, you, he, she, it** y el plural **they.**

Allí aprendimos que se usan para sustituir al sujeto. Pero ciertas palabras que se derivan directamente de ellos, se usan como <u>adjetivos posesivos</u> para señalar la propiedad de algo por alguien. Al igual que con el pronombre **it**, que se usa para cosas y no para personas, **it** como adjetivo posesivo tampoco se emplea para personas.

PRONOMBRE		I	You	He	She	It	They
ADJETIVO	Singular	My	Your	His	Her	Its	- - -
POSESIVO	Plural	Our	Your	Their	Their	Their	Their

Estudiemos su pronunciación y significado.

EJEMPLOS

My	*mái*	mi	My house	Mi casa
Your	*yúar*	tu	Your house	Tu casa
His	*jís*	su (de un sujeto masculino)	His house	Su casa (de él)
Her	*jér*	su (de un sujeto femenino)	Her house	Su casa (de ella)
Its	*its-s*	su (de un sujeto no persona)	Its house	Su casa (de un animal)
Our	*áuar-r*	nuestro	Our home	(Nuestra casa)
Your	*yúar*	de ustedes	Your house	(La casa de ustedes)
Their	*déar-r*	de ellos o ellas (o de la "cosa" que sea el sujeto)		

Adjetivos numéricos (o definidos)

Podríamos dar una explicación muy académica de qué son los adjetivos numéricos o indefinidos, pero la intención de este libro es simplificar el aprendizaje del inglés, así que no voy a complicarlo. Los adjetivos numéricos son los que establecen un número fijo de cosas o personas.

En otras palabras todavía más simples, los adjetivos numéricos son eso... números.

Los números se enseñaron a partir de la página 142 de *Aprenda inglés con la ayuda de Dios*, de manera que no voy a repetir todo ese capítulo, pero en aras de despertar su memoria, o si usted no leyó dicho libro, me permito repetir los primeros diez números, que se enseñan en el grupo I (hay varios grupos) y los importantes números ordinales.

Primer grupo (0 al 10)

0.	Zero	*zírou*	Cero
1.	One	*uán*	Uno
2.	Two	*tú-u*	Dos
3.	Three	*z-ríi*	Tres
4.	Four	*fóar*	Cuatro
5.	Five	*fái-v*	Cinco
6.	Six	*sí-ics*	Seis
7.	Seven	*séven*	Siete
8.	Eight	*éi-t*	Ocho

9.	Nine	*nái-n*	Nueve
10.	Ten	*té-n*	Diez

Cuando usted nombra un número telefónico, muchas veces el cero se describe como la letra O y, en vez de *zírou*, se dice *óu*.

Números ordinales

Recordará usted que los números ordinales son los que expresan un orden o posición… primero, segundo, tercero, etc.

First	*férs-t*	Primero
Second	*sécon-d*	Segundo
Third	*zér-d*	Tercero
Fourth	*fór-z*	Cuarto
Fifth	*fíft-z*	Quinto
Sixth	*síx-z*	Sexto
Seventh	*séven-z*	Séptimo
Eighth	*éit-z*	Octavo
Ninth	*náin-z*	Noveno
Tenth	*tén-z*	Décimo
Eleventh	*íleven-z*	Décimo primero u onceavo
Twelfth	*tuélf-z*	Décimo segundo o doceavo
Thirteenth	*zertín-z*	Décimo tercero o treceavo

Adjetivos indefinidos

Los adjetivos indefinidos, que también son pocos, se usan para indicar cantidades indeterminadas de cosas o personas.

Por lo regular estos adjetivos se usan cuando uno no está seguro del número o cantidad de cosas que quiere describir o señalar y se ve obligado a emplear una palabra indefinida.

Los más socorridos son: **Some**, **any**, **many**, **several**, **much**, **little** e **each**.

Estudiémoslos:

| Some | *sam-m* | algunos / algunas |

May I have some milk?
Méi ái jáv sam-m mil-k?
¿Puedes darme algo de leche?

| Any | *éni* | alguno / cualquiera |

Do you like any of these?
Du Llú lái-k éni of dís-s?
¿Te gusta alguno de estos?

Many   *méni*   muchos

The service had many attendants
Da ser-víz já-d méni atén-dant-s
El servicio tuvo muchos asistentes

Several   *sé-vral*   varios

Several people received Jesus into their hearts today
sé-veral pí-pol rí-civ-d Yísus into déa-r járt-s tu-déi
Algunas personas recibieron hoy a Jesús en sus corazones

Each   *ích*   cada uno

Each member of the club received a goody-bag
[[transliteration needed]]
Cada miembro del club recibió una bolsa llena de sorpresas

Much   *móch*   mucho

He looks much like his father
Jí lúk-s móch láik jís fá-der
Él se parece mucho a su padre

Little[2]   *lí-tel*   poco o pequeño

Just give me a little bit of the stew, please
Yós-t guí-f mi ei lí-tel bit of da s-tú, plí-s
Solo déme un poquito del guiso, por favor

Robin Hood had fun fighting Little John
Rá-bin Júd jád fon fáidin Lí-tel Ján
Robin Hood se divirtió peleando con el pequeño John

Adjetivos descriptivos

Los adjetivos descriptivos hacen eso… describen. Su función es crear una imagen visual del tamaño, color o forma del sujeto al cual se refieren.

Con respecto al tamaño, los usuales son **big, large, small, tall, thick, thin** y **little**

Big	*bíg-g*	grande, mayor, enorme
Large	*lá-arch*	grande, amplio, importante, extenso
Small	*s-smól-l*	pequeño, bajo, escaso
Tall	*tól-l*	alto
Little	*lí-tel*	pequeño, menor
Thick	*z-ik*	grueso (de espesor)
Thin	*z-ín*	delgado (de espesor)

Con respecto a la forma, los más usados son **round** y **square**

Round	*ráund-d*	redondo
Square	*s-scué-ar*	cuadrado

Cuando se habla de otra forma geométrica diferente, que no sea redonda ni cuadrada, y quizás sea como un diamante o una estrella, etc., se recurre a una palabra adicional:

shaped	*shéip-pd*	(quiere decir "con forma de")

se pone un guión después de la forma que queremos describir y a continuación la palabra s**haped.**

Ejemplos:

Diamond-shaped	*dái-mond shéip-pd*	con forma de diamante
Star-shaped	*s-stár-r shéip-pd*	con forma de estrella

Con respecto al color, pues ¿qué podemos decir que no sea... "para gustos se han hecho colores"? Si no los recuerda, aunque debería ya saberlos o recordarlos del libro anterior, repitámoslos:

Black	*blák*	Negro
Blue	*blú*	Azul
Brown	*brá-on*	Marrón o carmelita
Green	*grí-in*	Verde
Orange	*óran-ch*	Anaranjado
Pink	*pín-k*	Rosado
Purple	*pér-pel*	Púrpura
Red	*red*	Rojo
Yellow	*yé-lou*	Amarillo
White	*uái-t*	Blanco

Como en todos los idiomas, hay adjetivos a los que cuesta trabajo clasificar. Veamos una lista de algunos de los más comunes:

Nice	*náis*	Agradable
Kind	*káind-d*	Bondadoso
Happy	*jápi*	Feliz
Pretty	*prí-ri*	Bonita
Beautiful	*biú-ri-ful*	Lindo o linda
Intelligent	*inté-liyent-t*	Inteligente
Funny	*fóni*	Gracioso
Sweet	*suít-t*	Dulce
Salty	*sólti*	Salado
Sour	*sáuar*	Agrio
Hot	*ját*	Caliente

Cold	*cóuld-d*	Frío
Warm	*uórm-m*	Tibio
Deep	*dí-ip-p*	Profundo
Famous	*féi-mos-s*	Famoso o famosa
Young	*yóng-g*	Joven
Old	*óuld-d*	Viejo
Fast	*fast-t*	Rápido
Slow	*s-slóu*	Lento
Good	*gú-ud-d*	Bueno
Bad	*bá-ad-d*	Malo
Angry	*ángri*	Disgustado
Mad	*má-ad-d*	Loco (o furioso)
Active	*ák-tiv-v*	Activo o activa

Comparativos y superlativos

En inglés, igual que en español, hay veces que tenemos que describir algo comparándolo con otra cosa parecida, bien como mayor que o como lo máximo... que el referente o que todo lo demás. Para esos casos se recurre al comparativo **er** y al superlativo **est**.

er

Si usted quiere decir que algo o alguien es mayor, mejor o más grande que otra cosa, algo o alguien, o que un grupo similar, se coloca la terminación "**er**" al adjetivo y por lo regular se coloca la palabra "**than**" (*dan*) a continuación , que significa "que", para establecer la comparación con el otro.

est

Si usted quiere decir que algo a alguien es lo máximo de todo o todos, se añade la terminación "**est**" al adjetivo. Casi siempre se coloca la palabra "**of**" (*af*) a continuación, que significa "de" para especificar que es "de todos los demás".

Veamos una tabla comparativa:

ADJETIVO POSITIVO	ADJETIVO COMPARATIVO	ADJETIVO SUPERLATIVO
Sweet (*suít-t*) = Dulce	**Sweeter than** (*suírer dan*)	**Sweetest of** (*suítest af*)
Cold (*cóuld-d*) = Frío	**Colder than** (*cóulder dan*)	**Coldest of** (*cóuldest af*)
Fast (*fast-t*) = Rápido	**Faster than** (*faster dan*)	**Fastest of** (*fástest af*)

Comparando:

> **This ice cream is sweeter than yours**
> *Dis áis crím is suírer dan yúars-s*
> Este helado es más dulce que el tuyo

En superlativo:

> **This ice cream is the sweetest of all**
> *Dís áis crím is da suítest-t af ol-l*
> Este helado es el más dulce de todos

Comparativos irregulares

También como en todos los idiomas, hay adjetivos cuyos comparativos y superlativos no siguen la regla común, en este caso el "**er**" y el "**est**", y necesitan palabras específicas que hay que aprender de memoria. Bueno, nadie es perfecto. Veamos algunos.

ADJETIVO POSITIVO	COMPARATIVO	SUPERLATIVO
Well *(uél-l)* Bien	**Better** *(bérer)* Mejor	**Best** *(bés-t)* Mejor
Bad *(bád)* Malo	**Worse** *(uérs-s)* Peor	**Worst** *(uérs-t)* El peor
Fancy *(fáncy)* Elegante	**Fancier** *(fáncier)* Más elegante	**Fanciest** *(fánciest)* El más elegante
Little *(lít-el)* Poco	**Less** *(lés-s)* Menos	**Least** *(lís-t)* El menor
Much *(móch)* Mucho	**More** *(móar)* Más	**Most** *(móus-t)* El que más

Repaso de los adjetivos

1. El adjetivo modifica al nombre (sustantivo, sujeto).
2. El adjetivo posesivo sirve para describir al nombre.
3. El adjetivo casi siempre va delante del nombre (con énfasis en "casi siempre").
4. Los adjetivos comparativos cotejan (al sustantivo con otros sustantivos).
5. Si añadimos la palabra "**er**" al adjetivo, casi siempre se crea un adjetivo comparativo (hay muchos que son irregulares y necesitan memorizarse; véase tabla anterior).

6. Si añadimos la palabra **"est"** al adjetivo, casi siempre se crea un adjetivo superlativo (también hay muchos casos irregulares).

Atención al "casi siempre"

Como hemos dicho en varias ocasiones, el inglés no tiene una "Academia de la Lengua" que lo regule oficialmente, y muchas de sus reglas conocidas tienen sus excepciones.

Por ejemplo. En inglés enseñamos que el adjetivo va delante del nombre. Esa es la regla práctica porque es el caso más común y si usted la sigue es muy difícil que cometa un error. Pero tiene sus excepciones.

Digamos que quiere describir una mesa laqueada en negro, recién comprada. Y sigue la regla de siempre, poniendo los adjetivos primero. Y dice: **I bought a new, black, very beautiful...** *ai bó-t a niú, bla-k, veri biútiful...* (Compré una nueva, negra, bien preciosa...)...¿qué?...¿qué compré?... hasta aquí puedo estar describiendo una gata, una perra, una yegua, una camioneta, etc., etc., etc. Y solo al final cuando yo diga **table**, es que se sabrá que compré una mesa, así que no es una descripción muy práctica. En estos casos es aceptable doblar un poquitín la regla y comenzar con el nombre. **I bought a table, it's new, black and very beautiful.** Y nadie va a llamar a la policía gramatical.

¿Y dónde van los acentos?

Ya en este punto en que hemos hablado de nombres y adjetivos, usted debe estar haciéndose la pregunta: ¿Dónde se acentúan fonéticamente las palabras en inglés?... porque es fácil saberlo leyendo este libro, ya que se especifica la pronunciación... pero, ¿y cuándo no esté leyendo el libro? Porque de una fonética adecuada es que depende la pronunciación correcta.

En español aprendimos que las palabras se acentúan según sean "agudas" (acento en la última sílaba), "llanas" (acento en la penúltima sílaba), o "esdrújula" (acento en la antepenúltima sílaba o la anterior).

En inglés, por no tener una academia lingüística como nosotros, las reglas son un poquito más confusas. Aquí les daré algunas, pero

---

2 **Little** significa poco o pequeño, pero cuando se une a **"bit"** ("pedacito"), se transforma a "poquito"

debo advertir que no son exactas dado que, como decía mi abuelo: "De cualquier malla se escapa un ratón".

- La mayoría de los sustantivos (nombres) de dos sílabas, se acentúan en la primera sílaba.

Jennie (Je-nnie)	*Yé-ni*
Table (ta-ble)	*téi-bol*
Basket (bas-ket)	*bás-ket*
Peter (Pe-ter)	*Pí-rer*

Si en algún momento se presenta la duda de si acentuar o no la primera sílaba de un sustantivo de dos sílabas, acentúela. Las probabilidades de acertar están con usted.

- Los sustantivos que terminan con los sufijos **ion, ian, cion, cian, sian, tion, ment** e **ity,** se acentúan en la sílaba que precede al sufijo (sufijo es la sílaba añadida <u>al final</u> que modifica a una palabra).

employment (em-ploy-ment)	*em-plói-ment*	empleo
generation (ge-ne- ra-tion)	*yene-réi-chon*	generación

- Los verbos que terminan con los sufijos **ate, ary** e **ize,** se acentúan en la penúltima sílaba que preceda al sufijo.

generalize (ge-ne-ra-la-ize)	*ye-ne-rá-la-iz*	generalizar
consummate (con-su-mma-te)	*can-su-mé-i-t*	hecho

* Los adjetivos que terminan con los sufijos **tial, cial, ial, ual, ious, eous, cious, uous, ic** e **ical,** se acentúan en la sílaba que antecede al sufijo.

usual (u-sual)	*iú-sual*	usual
identical (i-dent-ical)	*i-dént-ical*	idéntico

Subraye el adjetivo en las siguientes oraciones

Lilly reads an old Bible
Lili rí-ids an óuld báibel
Lili lee un Biblia vieja

Isabel loves big teddy bears
Isabel lávs-s big tédi bears
A Isabel le encantan los osos
de peluche grandes

David and Will have a new
house
Déivid-d and Uíl jáv e niú jáus
David y Will tienen una nueva casa

Nicholas has a red ball
Nícolas jás ei red-d ból
Nicolás tiene una pelota roja

Ian had a pretty wedding
Ian jád ei prí-ri uéding
Ian tuvo una boda bonita

The wind is very cold
Da uínd is véri cóuld-d
El viento está muy frío

Lucy has a new friend
Lú-ci jás ei niú frénd-d
Lucy tiene un nuevo amigo

Large crowds followed Jesus
Larch crá-ods-s fálo-ued Yísus
Grandes multitudes seguían a Jesús

Paola is a good nurse
Paola is ei gúd nérs
Paola es una buena enfermera

Frankie's coat is black
Frankis-s cóut is blák
El abrigo de Frankie es negro

Jesus had twelve disciples
Yísus jad túelv disciples
Jesús tenía doce discípulos

Jesus left us a big gift
Yísus left-t ós ei big gift-t
Jesús nos dejó un regalo grande

The Lord wants me happy
Da Lord-d uánts mi jápi
El Señor me quiere feliz

Gabrielle is a good student
Gabriel-l is ei gúd s-stúdent-t
Gabrielle es una buena estudiante

The Pastor sang a beautiful song
Da pastor sang-g ei biútiful song-g
El pastor cantó una canción bonita

Ann works six days a week
Ann uérks-s six déis ei uík
Ana trabaja seis días a la semana

Oscar swims every day
Ascar suíms-s evri déi
Oscar nada todos los días

The church has strong chairs
Da church jas s-stróng-g ché-ars
La iglesia tiene sillas fuertes

Subraye el adjetivo o adjetivos descriptivos en cada oración

The black cat jumped to the sofa
The ocean water was very cold
The third horse won the big race
The last hymn was very loud
Mom was so tired, she fell sleep

The church is big
The steak was tasty and well cooked

Subraye el adjetivo o adjetivos numéricos (definidos) en cada oración

I just saw The Three Musketeers on TV
Mark won second prize on the contest
Jim graduated ten years ago
Yolanda draw a beautiful flower
Frankie is the fastest solving big puzzles
Luzmaria is fourteen years old
This is my first time in this church

Subraye el adjetivo indefinido en cada oración

Just give me any of the colors
Some of these eggs are not fresh
The third apple is the bigger one
Many of the fans left early in the game

"Yo, por causa de sus acciones y sus ideas, estoy a punto de reunir a gente de toda nación y lengua; vendrán y verán mi gloria."
—Isaías 66:18

*"And I, because of their **actions** and their imaginations, am about to come and gather all nations and tongues, and they will come and see my glory".*
—Isaiah 66:18

Tengo que apartarme un instante de la enseñanza del inglés para compartir algo con los lectores.

Ustedes habrán notado, si estudiaron *Aprenda inglés con la ayuda de Dios*, que este segundo libro comenzó con el mismo pasaje bíblico que aquél. Me refiero a **Proverbios 1:5**.

Escuche esto el sabio, y aumente su saber; reciba dirección el entendido.
Let the wise listen and add to their learning, and let the discerning get guidance.

La razón es que encuentro ese pasaje fascinante e ideal para comenzar cualquier libro de cualquier enseñanza, dedicado a los que creemos en la gloria de Dios. Porque prácticamente es una invocación a Él. De hecho, es mi intención comenzar cualquier futuro libro con este pasaje.

Habrán visto también que en ambos libros empiezo cada capítulo con un pasaje bíblico diferente, tratando que de alguna manera aplique al tema de dicho capítulo.

Cuando iba a empezar este capítulo sobre los verbos, busqué en la Biblia a ver si encontraba alguno que tuviese que ver con "verbo". Después de todo, en español a veces, figurativamente, se le dice verbo a la facultad y facilidad de una persona para hablar, y nadie ha tenido más "verbo" que el Señor. El Verbo que ha perdurado a través de los siglos, debo añadir, convertido en su palabra.

No encontré ni una sola referencia a la palabra "verbo" en el Libro. Una vez más, dejé que Él me guiara a un pasaje adecuado y al abrir la

Biblia de nuevo, mis ojos cayeron de inmediato sobre **Isaías 66:18**. ¿Y de qué habla este pasaje sino es de una "**acción**"? ¿No es el verbo lo que indica que el sujeto de la oración está realizando una **acción**? Y si usted sigue leyendo, no está el Señor diciendo en ese pasaje que va a reunir a todas las naciones y **lenguas** para que juntos veamos su gloria?

¿No es eso maravilloso?

Continuemos.

Primero, debo pedir perdón a los lectores por mi continuo mencionar el primer libro de cómo aprender inglés, publicado hace poco tiempo atrás.

Aprenda inglés con la ayuda de Dios es un libro para aprender un inglés rápido y básico que permita al estudiante comunicarse adecuadamente con personas de habla inglesa. Este segundo libro es una extensión de aquel para que el estudiante perfeccione el idioma lo más posible. El primero enseña ese inglés básico de una manera novedosa. Igual hace este, pero apoyado en aquel, y de ahí que me vea obligado a hacer referencia al mismo.

Por ejemplo, el primer libro demuestra que con

a) solo estudiar 18 verbos fundamentales, en lugar de los casi 6,000 que conforman el inglés (aunque le interesará saber que el español cuenta con más de 12,000 verbos), y

b) estudiar bien el capítulo que enseña a fabricar verbos cuando no se conoce el que realmente aplica gramaticalmente,

el estudiante logra hablar inglés y comunicarse perfectamente. Este segundo libro persigue que usted domine el idioma. Y sin verbos no hay idioma.

¿Qué es el verbo?

El verbo es la tercera piedra de nuestra pirámide, pero es la piedra maciza, la fundamental, simplemente porque es la parte más esencial del habla. El verbo es la única parte de la oración que puede enseñar o establecer que el sujeto realizó una acción… que hizo algo.

Cómo nombrar al verbo

La palabra auxiliar "**To**" (*tu*) es la que convierte cualquier otra palabra inglesa en un verbo, en su <u>modo infinitivo</u>.

Ejemplos: Si a la palabra **Keep** *(kíp)* "Guarda"

...se le añade la palabra auxiliar **to** *(tu)*,

...**To keep** *(tu kíp)* ... se crea el verbo "Guardar"

Esa palabra auxiliar convirtió "Guarda" en "Guardar"

Send *(sén-d)* Envía   **To send** *(tu sen-d)* verbo enviar

Go *(góu)* ve   **To go** *(tu góu)* verbo ir

En inglés, el verbo por sí solo no indica el sexo o género de la persona o cosa que realiza la acción ni su número o cantidad . Eso hace necesario que siempre use el sujeto, ya sea su nombre o su pronombre personal.

La única excepción a lo anterior es si el pronombre iba a ser un **you** (tú o usted). En ese caso puede omitir el pronombre y usar solamente la palabra del verbo.

Definiciones

En inglés existen verbos principales y verbos auxiliares... así como verbos regulares e irregulares.

- **Los verbos principales** son los que realizan el trabajo principal de la oración, son los que hacen, establecen o indican un sentimiento. Son el motor de la oración.

I love Jesus   *Ái lóv-v Yísus*   *Yo amo a Jesús*

En esta oración, obviamente el verbo principal es **love**.

Pero hay ocasiones en que el verbo necesita un apoyo, una ayuda, para poder expresar correctamente su acción.

- **Los verbos auxiliares** vienen en dos categorías, primarios y de modo.

Los verbos auxiliares primarios son **to do, to be** y **to have**. Estos tres verbos están entre los dieciocho verbos fundamentales que se deben aprender de memoria. Demos un paso atrás para recordarlos.

PRESENTE	PASADO	PARTICIPIO PASADO
Do *(dú)*	**Did** *(did)*	**Done** *(dóu-n)*
Be *(bí)*	**Was** *(uós)*	**Been** *(bí-in)*
Have *(jáv-v)*	**Had** *(jad)*	**Had** *(jad)*

Usted debe dominar, no solamente saber, todas las formas y tiempos de estos tres verbos, de manera que conjuguémoslos de nuevo:

To do *(tu dú)* Hacer

I do	*ái dú...*	Yo hago	**I did**	*ái did...*	Yo hice
You do	*llú-u dú...*	Tú haces/ Usted hace	**You did**	*llú-u did...*	Tú hiciste/Usted hizo
He does	*jí das...*	Él hace	**He did**	*jí did...*	Él hizo
She does	*s-chí das...*	Ella hace	**She did**	*s-chí did...*	Ella hizo
It does	*it das...*	( ) Hace	**It did**	*it did...*	( ) Hizo
We do	*uí dú...*	Nosotros hacemos	**We did**	*uí did...*	Nosotros hicimos
You do	*llú-u dú....*	Ustedes hacen	**You did**	*llú-u did...*	Ustedes hicieron
They do	*déi dú...*	Ellos hacen	**They did**	*déi did...*	Ellos hicieron

To be *(tú bí)* "ser"

...pero también significa <u>estar</u>; de manera que hay que saber conjugarlo con sus dos significados.

To be como "ser"

I am	*ái am...*	Yo soy	**I was**	*ái uós...*	Yo era / Yo fui
You are	*llú-u ár...*	Tú eres / Usted es	**You were**	*llú-u uéar*	Tú eras / Usted era
He is	*jí is...*	Él es	**He was**	*jí uós...*	Él era / Él fue
She is	*s-chí is...*	Ella es	**She was**	*s-chí uós...*	Ella era / Ella fue
It is	*it is...*	( ) Es	**It was**	*it uós...*	( ) Es / Fue
We are	*uí ár...*	Nosotros somos	**We were**	*uí uéar...*	Nosotros éramos / fuimos
You are	*llú-u ár...*	Ustedes son	**You were**	*llú-u uéar*	Ustedes eran / fueron
They are	*déi ár...*	Ellos son	**They were**	*déi uéar...*	Ellos eran / fueron

To be como "estar"

I am	*ái am...*	Yo estoy	**I was**	*ái uós...*	Yo estaba / Yo estuve
You are	*llú-u ár...*	Tú estás / Usted está	**You were**	*llú-u uéar...*	Tú estabas / Usted estaba
He is	*jí is...*	Él está	**He was**	*jí uós...*	Él estaba / Él estuvo

She is	*s-chí is...*	Ella está	She was	*s-chí uós...*	Ella estaba / Ella estuvo
It is	*it is...*	( ) Está	It was	*it uós...*	( ) Estaba / Estuvo
We are	*uí ár...*	Nosotros estamos	We were	*uí uéar...*	Nosotros estábamos / fuimos
You are	*llú-u ár...*	Ustedes están	You were	*llú-u uéar...*	Ustedes estaban / estuvieron
They are	*déi ár...*	Ellos están	They were	*déi uéar...*	Ellos estaban / estuvieron

To have (*tú jáv*) Tener

...pero **to Have** también tiene otro significado igual que **to be** (por eso son tan útiles como auxiliares). **To have** también significa haber.

To have (*tu jáv*) Tener

I have	*ái jáv...*	Yo tengo	I had	*ái jád...*	Yo tenía
You have	*llú-u jáv...*	Tú tienes/ Usted tiene	You had	*llú-u jád...*	Tú tenías/ Usted tenía
He has	*jí jás...*	Él tiene	He had	*jí jád...*	Él tenía
She has	*s-chí jás...*	Ella tiene	She had	*s-chí jád...*	Ella tenía
It has	*it jás...*	( ) Tiene	It had	*it jád...*	( ) Tenía
We have	*uí jáv...*	Nosotros tenemos	We had	*uí jád ...*	Nosotros teníamos
You have	*llú-u jáv...*	Ustedes tienen	You had	*llú-u jád...*	Ustedes tenían
They have	*déi jáv...*	Ellos tienen	They had	*déi jád...*	Ellos tenían

To have (*tu jáv*) Haber

I have	*ái jáv...*	Yo he	I had	*ái jád...*	Yo había / Yo hube
You have	*llú-u jáv...*	Tú has/ Usted ha	You had	*llú-u jád...*	Tú habías/ Usted había
He has	*jí jás...*	Él ha	He had	*jí jád...*	Él había / Él hubo

She has	s-chí jás...	Ella ha	She had	s-chí jád...	Ella había / hubo
It has	it jás...	( ) ha	It had	it jád...	( ) Había / hubo
We have	uí jáv...	Nosotros hemos	We had	uí jád...	Nosotros habíamos/hubimos
You have	llú-u jáv...	Ustedes han	You had	llú-u jád...	Ustedes habían/ hubieron
They have	déi jáv...	Ellos han	They had	déi jád...	Ellos habían/hubieron

Los verbos auxiliares de modo (modal auxiliaries *móudal auxiliarís*) son varios. Los principales son:

Can	ken	Puede
Could	cúd	Podría
May	méi	Puede
Might	mái-t	Pudiera
Need	ní-id	Necesita
Shall	shál-l	Implica el futuro del verbo que le siga
Should	shú-d	Debería
Will	uíl	Implica el futuro del verbo que le siga
Would	wúd	Implica el futuro

Casi todos ellos son seguidos del verbo **to do** (hacer). De esta manera su significado pasa a ser:

Can do	ken dú	Puede hacer
Could do	cúd dú	Podría hacer
May do	méi dú	Puede hacer
Might do	mái-t dú	Pudiera (o podría) hacer
Need to do	ní-id tu dú	Necesita hacer
Shall do	shál-l dú	Haré o haremos
Should do	shú-d dú	Debería hacer
Will do	uíl dú	Haré o harás
Would do	wúd dú	Haría

Los verbos regulares son aquellos que usan el mismo patrón para ser conjugados. Ellos forman su tiempo pasado y su tiempo de participio pasado, simplemente añadiendo la terminación **ed** (y en ocasiones, solo la letra **d**) al verbo básico en tiempo presente. Casi todos los verbos del inglés son regulares.

Los verbos irregulares son aquellos que no siguen el patrón de los regulares utilizando la regla gramatical de añadir **ed** o **d** y necesitan palabras completamente diferentes para expresar sus tiempos pasado o participio pasado. Para el participio pasado, usualmente se usa alguna forma de los verbos auxiliares **to be, to do** o **to have**.

Ejemplo:

I <u>tell</u> a story   (present)
I <u>told</u> a story   (past)
I <u>have told</u> a story   (past participle)

Por desdicha, para saber los verbos irregulares… hay que aprenderlos de memoria. Para conseguirlo, yo recomiendo el infalible método que usaban los profesores de inglés de décadas pasadas. Repetir los tres tiempos como si fueran un verso… y repetirlos y repetirlos tal como se hacía con las tablas matemáticas. Les aseguro que los que aprendimos las tablas (yo entre ellos) de esa manera, nunca las hemos olvidado.

Por ejemplo, el verbo **to do** *tu dú* (hacer), para estudiarlo en forma de verso, se repite

Do *(dú)* **did** *(did)* **done** *(dóun)*   Es decir, hago / hice / hecho
Do, did, done… do, did, done… do, did, done

Hagamos un repaso visual:

Definiciones de los verbos
{
 Principales = Hacen el trabajo
 Solos
 Auxiliares {
  Primarios = **To do, to be** y **to have**
  De modo = Varios. Son seguidos de **to do.**
 }
 Regulares = Terminan con "**ed**" o "**d**"
 Irregulares = No terminan con "**ed**" o "**d**"
}

Utilidad de los verbos auxiliares

Los verbos auxiliares son tan útiles que pueden usarse también para otras funciones dentro de la oración, por ejemplo para negar y para interrogar. Veamos.

Cómo usar el verbo auxiliar para interrogar

Esto es algo tan común en inglés que llega a hacerse involuntariamente, sin que uno se dé cuenta. Para usted convertir una oración positiva o declarativa en una de interrogación, solo tiene que mover el verbo auxiliar de su posición original después del sujeto (nombre o pronombre)... y colocarlo delante del sujeto. Fíjese qué fácil es.

DECLARATIVA	INTERROGATIVA
You can swim	**Can you swim?**
Llú ken suím	*Ken llú suím?*
Tú puedes nadar	¿Puedes tú nadar?
Daniel has called	**Has Daniel called?**
Daniel jás cól-d	*Jas Daniel called?*
Daniel ha llamado	¿Ha llamado Daniel?
She does like to dance	**Does she like to dance?**
Shí dós lái-k tu dán-z	*Dós shí láik-s tu dán-z?*
A ella le gusta bailar	¿Le gusta bailar a ella?

Cómo usar el verbo auxiliar para negar

Convertir una oración positiva o declarativa en una negativa usando el verbo auxiliar es todavía más fácil. Solo tiene que añadir la palabra **not** (*nat* "no") después del auxiliar y ¡presto! ya está negando.

DECLARATIVA	NEGATIVA
I will see you later	**I will not see you later**
Ai uíl sí llú léi-rer	*Ai uíl nat sí llú léi-rer*
(Yo) Te veré más tarde	(Yo) No te veré más tarde
You do look tired	**You do not look tired**
Llú dú lú-k táir-d	*Llú du nat lú-k táir-d*
(Tú) Te ves cansado	(Tú) No te ves cansado
We can drive there	**We can not drive there**
Uí can drái-v dear	*Uí can nat drái-v déar*
Podemos manejar (hasta) allá	No podemos manejar (hasta) allá

Las formas del verbo

Los verbos ingleses tienen cuatro formas:

1) **Base o basic**	*béis / béi-sic*	Básico (siempre en tiempo presente)
2) **Past**	*pas-t*	Pasado
3) **Present Participle**	*pre-sen-t par-ti-cipel*	Participio presente
4) **Past Participle**	*pas-t par-ti-cípel*	Participio pasivo

Vistos en acción (en la misma secuencia de arriba) serían:

1) Joe goes to church
Yó-u góus tu chérch
Joe (José) va a la iglesia

2) Joe went to church
Yó-u uén-t tu chérch
Joe fue a la iglesia

3) Joe is going to church
Yó-u is góin tu chérch
Joe está yendo a la iglesia

4) Joe has gone to church
Yó-u jás góun tu chérch
Joe ha ido a la iglesia

Forma 1: El verbo en forma básica

El verbo básico es el que se utiliza sin ninguna terminación especial y permite conectar al sujeto con una acción de la manera más simple.

I pray	*Ái préi*	Yo oro, yo rezo
You pray	*Llú préi*	Tú / Usted ora
We walk	*Uí wók*	Nosotros caminamos
They play	*Déi pléi*	Ellos juegan

El plural de los verbos

En inglés, hay que utilizar el verbo en plural cuando quien realiza la acción es la <u>tercera persona del sujeto</u>. Es decir, una persona o cosa nombrada por su nombre propio o común... o por el pronombre correspondiente a la tercera persona... **He, she, it.**

En el primer ejemplo de arriba, para decir que "Ella ora", habría que añadir "**s**" al verbo.

She prays	*shí préis*	Ella ora

Igualmente habría que hacer si usamos el nombre propio del sujeto. Supongamos que ese "**she**" se refería a Mary.

Mary prays	*méri préis*	Mary ora

Otros ejemplos:

He walks	*jí uóks*	Él camina
It runs	*it róns*	(Eso) corre (puede ser un tren, etc.)

¿Cómo se consigue el plural de los verbos?

Básicamente se usan las mismas reglas gramaticales que para formar el plural de los nombres y pronombres, tal como estudiamos en el capítulo 4, pero en este caso usando el verbo básico.

Para la mayoría de los verbos básicos... solo añada "**s**"

I sing	*Ái sin-g*	Yo canto	**She sings**	*Shí sin-gs*	Ella canta
You write	*Llú rái-t*	Tú escribes	**He writes**	*Jí rái-ts*	Él escribe

Para verbos básicos terminados en "**y**"... quite la "**y**" y añada "**ies**"

I study	*Ái s-tódi*	Yo estudio	**John studies**	*Llón s-tó-dís*	John estudia
You carry	*Llú cá-rri*	Tú cargas	**It carries**	*It cá-rrí-s*	Eso carga

Para verbos básicos terminados en "**s**", "**ch**", "**x**" o "**z**" añada "**es**"

I catch	*Ái ká-tch*	Yo atrapo...	**She catches**	*Shí kát-ches*	Ella atrapa
You fix	*Llú fíx*	Tú arreglas...	**Tommy fixes**	*Tó-mi fixes*	Tommy arregla

Forma 2: La forma pasado

La forma pasado muestra una acción que ya terminó, o como su nombre indica, que ya pasó. Esta forma es muy fácil de construir en los verbos regulares. Simplemente coloque una letra "**d**" al final del verbo en su forma básica, si este termina en la letra "**e**"... coloque las letras "**ed**" en el resto de los casos.

Los verbos irregulares son más difíciles pues necesitan una palabra completamente diferente a la del verbo en forma básica, y como ya explicamos, hay que aprenderlas y memorizarlas.

Ejemplos:

<u>Verbo regular</u>

PRESENTE	PASADO
I <u>walk</u> to church	I <u>walked</u> to church
Ái uók tu church	*Ái uók-d tu chérch*
Yo camino a la iglesia	Yo caminé a la iglesia

<u>Verbo irregular</u>

PRESENTE	PASADO
I <u>drink</u> a glass of milk	I <u>drank</u> a glass of milk
Ái drin-k ei glás of mil-k	*Ái drán-k ei glás of mil-k*
Yo bebo un vaso de leche	Yo bebí un vaso de leche

PRESENTE	PASADO
I <u>go</u> to church	I <u>went</u> to church
Ái gout u chérch	*Ái uén-t tu chérch*
Yo voy a la iglesia	Yo fui a la iglesia

Forma 3: La forma participio presente

El participio presente es lo que en español llamamos gerundio (la terminación "ando", "endo" de los verbos). Para construirlo en inglés se necesita el verbo auxiliar **to be,** en alguna de sus conjugaciones que ya fueron estudiadas (libro I): **am, is, are** (soy, es, son) antes del verbo básico y añadir a este la terminación **"ing"**.

I am going to church
Ái am góin-g tu chérch
Yo estoy yendo a la iglesia

He is going to church
Jí is going tu chérch
Él está yendo a la iglesia

They are going to church
Déi ar goin-g tu chérch
Ellos están yendo a la iglesia

Otro ejemplo:

She <u>keeps</u> all Christian dates
Shí kips ól crís-tian déit-s
Ella guarda todas las fechas cristianas

She <u>is keeping</u> all Christian dates
Shí is kípin-g ól crís-tian déit-s
Ella está guardando todas las fechas cristianas

Como en todo en la vida, esta forma tiene algunas reglas:

a) Si el verbo termina con una **e** silente... elimine la **e** y añada **ing**.

I <u>make</u> a good lasagna
Ái méik e gúd lasáña
Yo hago una buena lasaña

I <u>am making</u> a good lasagna
Ái am méi-kin e gúd lasaña
Yo estoy haciendo una buena lasaña

b) En los verbos de una sola sílaba terminando en consonante, casi siempre se duplica la consonante final antes de añadir **ing**.

I get good notes at school
Ái guét gúd nóut-s at s-skúl
Yo obtengo buenas notas en la escuela

I am getting good notes at school
Ái am guérin-g gúd nóu-s at s-skúl
Yo estoy obteniendo buenas notas en la escuela

c) La única excepción a la regla anterior es si el verbo termina en las consonante **w, x** o **y**, que no se duplica la consonante final.

I say a prayer every night
Ái séi e pré-yer évri nái-t
Yo digo una oración todas las noches

I am saying a prayer every night
Ái séi e pré-yer évri nái-t
Yo estoy diciendo una oración todas las noches

Forma 4: La forma participio pasado

Para formar el participio pasado se necesita la ayuda del verbo auxiliar **to have,** en alguna de sus formas. Este auxiliar se coloca antes del verbo básico. Al igual que para la forma pasado, el verbo básico se cambia dependiendo si es un verbo regular o irregular.

<u>Verbo regular:</u> Se coloca el auxiliar **to have** y se añade "**ed**" al verbo básico.

PRESENTE	PART. PASADO
I walk to church	**I have walked to church**
Ái uók to chérch	*Ái jáv uók-d tu chérch*
Yo camino a la iglesia	Yo he caminado a la iglesia

<u>Verbo irregular</u>

PRESENTE	PASADO
I eat an apple	**I have eaten an apple**
Ái ít an á-pel	*Ái jáv íten an á-pel*
Yo como una manzana	Yo he comido una manzana

Ayudas

El <u>participio pasado</u> siempre necesita ayuda del verbo auxiliar **to have**

(Have – had – had)

El <u>participio presente</u> siempre necesita ayuda del verbo auxiliary **to be**

(Am – is – are)

Los tiempos de los verbos

Los verbos son tan útiles en una oración que hasta sirven para describir alguna forma de tiempo... hoy, ayer, mañana. En español aprendimos que ellos constituyen el presente, pasado y futuro gramatical, a lo que en inglés denominamos **"tense"** (*tens*).

Los tiempos parten del modo infinitivo (**infinitive** *infinitíf*) del verbo, el cual, como ya explicamos, se forma añadiendo el auxiliar "to" al verbo básico y es indispensable para poder nombrar al verbo.

Sabiendo el modo infinitivo del verbo podemos pasar a buscar sus tiempos.

Present tense (*Presen-t téns*) Tiempo presente

Desde niños sabemos que el tiempo presente señala lo que sucede hoy, ahora. En inglés usamos el verbo en su forma básica para conjugarlo, tal como hicimos algunos párrafos más arriba en este capítulo.

El tiempo presente tiene dos variedades: el presente simple y el presente continuo:

Present Simple (*sím-pel pré-sen-t*) Presente simple

Es el que hemos venido mencionando. Simplemente el verbo en su forma básica indicando que algo está sucediendo hoy... se usa para situaciones cotidianas.

I drink milk every day	David is 9 years old
Ái drin-k mil-k ev-ri déi	*Déi-vid is náin yíar-s óul-d*
Yo bebo leche todos los días	David tiene nueve años de edad

Julie reads the Bible every night
Yu-li ríds da báibel ev-ri náit
Julie lee la Biblia todas las noches.

Present Continuous (*pré-sen-t con-ti-niu-os*) Presente continuo

Este tiempo se usa para señalar o hablar de cosas que están pasando en este mismo instante.

I am drinking milk	Julie is reading the Bible
Ái am drin-kin-g mil-k	*Yu-li is rídin-g da báibel*
Yo estoy bebiendo leche	Julie está leyendo la Biblia

Para conseguir el presente continuo solo tenemos que colocar el verbo auxiliar **"To be"** en alguna de sus formas, antes del verbo principal, y a este, al principal, añadirle la terminación **"ing"**. En español llamamos a esta forma gerundio. Lo estudiamos en el primer libro, en el capítulo 17.

The Pastor is preaching
De Pasto-r is prích-ing
El pastor está predicando

En algunos casos hay que alterar ligeramente el verbo, eliminando una de sus vocales o duplicando una consonante , antes de añadir el **ing**, igual que sucede en español, cuando a veces tenemos que hacer ciertos ajustes para convertir el verbo en gerundio.

To make *tu méik* Hacer
Making *méiking* Haciendo (se eliminó la "e" antes de colocar ing)

Aviso: El presente continuo en las preguntas.

Es importante recordar que si alguien le hace a usted una pregunta usando el presente continuo… usted debe responder usando el mismo tiempo.

PREGUNTA: | RESPUESTA:
Are you <u>watching</u> TV? | **No, I am <u>reading</u> the Bible**
Ar llú-u uátchin tíví?... | *Nóu, ái am ríding da bái-bel*
¿Estás mirando la tele? | No, estoy leyendo la Biblia.

PREGUNTA: | RESPUESTA:
Are you going to the beach? | **No, I am going to the church**
Ar llú-u góin to da bí-ch? | *No, ái am góin tu da chérch*
¿Estás yendo para la playa? | No, estoy yendo a la iglesia

Nota: Algunos autores y libros llaman a este tiempo el presente pro-gresivo **(Present progressive)**

Past Tense *(Pas-t Téns)* Tiempo pasado

El tiempo pasado también viene en "dos sabores": **Past simple** y **past continuous**

Past Simple *(pás-t sím-pel)* Pasado simple

El pasado simple se usa para que el verbo indique que algo sucedió en el pasado. Es importante recordar que se usa para cosas que sucedie-ron y terminaron ya. Para cambiar un verbo a su pasado simple solo hay que añadirle la terminación **"ed"**. Si el verbo ya termina con la vocal **"e"**, simplemente añádale una **"d"**. Estos son los verbos que ya estudiamos como "verbos regulares". Son fáciles de aprender porque el verbo no cambia al pasar de persona a persona.

Los que no pueden usar la terminación "**ed**" son llamados "verbos irregulares", ya explicados y me duele recordarles que hay que memorizarlos.

Ejemplos de pasado simple con verbos regulares

PRESENTE:	PASADO:
I open the door	I opened the door
Ái ou-pen di dóar...	*Ái opend-d di dóar...*
o abro la puerta	Yo abrí la puerta

(Note que la "**e**" que va antes de la "**d**" no se pronuncia pero esa "**d**" final si debe ser bien pronunciada.)

Ejemplo de pasado simple con verbo irregular

PRESENTE:	PASADO:
I ride the bus to go to church	I rode the bus to go to church
Ái rái-d da bus tu gou tu chérch	*Ái róu-d da bus tu gou tu chérch*
Yo monto el ómnibus para ir a la iglesia	Yo monté el ómnibus para ir a la iglesia

Past Continuous (*pás-t con-ti-niu-os*) Pasado continuo

El pasado continuo se usa para que el verbo señale que algo sucedió anteriormente por un tiempo largo. Inclusive pueden indicar que algo comenzó en el pasado y todavía está sucediendo.

Formar el pasado continuo de un verbo es fácil si la oración en presente continuo está compuesta del auxiliar **to be** más el verbo principal, al que se le añadió la terminación **ing**.

Ejemplos:

PRESENTE:
I am living in New York
Ái am lívin-g in Niú-Llork
Estoy viviendo en New York

En este caso, **am** es una forma del auxiliar **to be** y el verbo principal termina ahora en **ing**. Simplemente (en casos como este) usted tiene solo que cambiar la forma de **to be** al pasado y ya está. Es decir, solo tiene que cambiar **am** a su pasado **was**. ¡Pasado continuo a la orden!

PASADO
I was living in New York
Ái uós livin-g in Niú-Llork
Estaba viviendo en New York

I am living in Miami
Ái am lívin-g in Mai-ámi
Estoy viviendo en Miami

I was living in Miami
Ái jáv lívin-g in Mai-ámi
Estaba viviendo en Miami

Future Tense *(fiú-chur tens)* Tiempo futuro

Para la mayoría de los verbos el tiempo futuro se consigue:

a) Añadiendo el verbo auxiliar **"will"** (que es el verbo **to be** también en futuro), <u>antes</u> del verbo principal.

I will have	*ái uíl jáv...*	Yo tendré / Yo habré
You will have	*llú-u uíl jáv...*	Tú tendrás o habrás / Usted tendrá o habrá
He will have	*jí uíl jáv...*	Él tendrá / Él habrá
She will have	*s-chí uíl jáv...*	Ella tendrá / Ella habrá
It will have	*it uíl jáv...*	( ) Tendrá / habrá
We will have	*uí uíl jáv...*	Nosotros tendremos / habremos
You will have	*llú-u uíl jáv...*	Ustedes tendrán / Ustedes habrán
They will have	*déi uíl jáv...*	Ellos tendrán / Ellos habrán

Usted también puede usar el verbo auxiliar **"shall"**, en lugar de **"will"** en cualquiera de las oraciones anteriores, aunque con el tiempo ha ido dejando de usarse por estar considerado más formal, más académico.

b) Hay otra forma de conseguir el tiempo futuro usando el verbo **to be** (en cualquiera de sus formas) y añadir las palabras **"going to"** antes del verbo básico. <u>Y anote el lector: esta forma de expresar el futuro es la más común en Estados Unidos.</u>

I am going to have an ice cream
Ái am goin-g tu jáv an áis crím
Voy a tomarme un helado

Carmen is going to celebrate tomorrow
Carmen is goin-g tu cele-bréit tú-ma-rrou
Carmen va a celebrar mañana

Nota: Hay libros y profesores que llaman **"Perfect"** *pér-fec-t* (Perfecto) al tiempo simple.

Resumen

En la gran mayoría de los casos, usted forma el pasado añadiendo **"d"** o **"ed"** al verbo principal básico. Y forma el futuro usando **"will"** o **"shall"** antes del verbo.

Prohibidas las confusiones

Aquí debo prevenir al lector. Es posible que se sienta confundido con tanta información y nombres de formas y tiempos. Debo aconsejarle tranquilidad. Usted va a ir adquiriendo práctica y comodidad con el uso de estos verbos según vaya practicándolos y usándolos a diario, si usted las recomendaciones de los primeros capítulos.

Estoy seguro de que no recuerda todas las reglas y dolores de cabeza gramaticales del español que aprendió en la escuela, ¿no es cierto?... sin embargo usted habla nuestro idioma sin problema alguno.

Además, me place informarle que, al igual que sucede con el español, en su futuro diario vivir y en su futuro diario hablar inglés, si es que esa es su meta, solo va a usar el tiempo continuo, en presente o en pasado, usando los auxiliares **am, are** del presente y **was, were** del pasado (todos pertenecen a **to be**).

PRESENTE CONTINUO	PASADO CONTINUO
Are you going to the church?	I was living in Chicago
Ar llú-u góin to da chérch?	*Ái uós livin-g in Chi-ca-go*
¿Estás yendo para la iglesia?	Estaba viviendo en Chicago

Lo anterior se refiere a la conversación diaria. En la escritura cotidiana los tiempos que más se usan son el presente simple y el pasado simple.

PRESENTE SIMPLE	PASADO SIMPLE
Jim reads the paper every day	I opened the window
Yím ríds da péi-per ev-ri déi	*Ái open-d da uín-dou...*
Jim lee el periódico todos los días.	Yo abrí la ventana

Los verbos fundamentales

Antes de continuar estudiando los verbos con más profundidad, me veo obligado a repetir, aunque someramente, aquellos indispensables dieciocho verbos fundamentales, para que el lector tenga una base en la cual apoyarse, si no los conoce, o si los estudió ya, pero no los ha practicado debidamente.

PRESENTE	PASADO	PARTICIPIO PASADO
Be *(bí)* ser o estar	**Was** *(uós)*	**Been** *(bí-in)*
Do *(dú)* hacer	**Did** *(did)*	**Done** *(dóu-n)*
Come *(cám)* venir	**Came** *(kéim)*	**Come** *(cóm)*

Give *(guív)* dar	Gave *(guéiv)*	Given *(guíve-n)*
Get *(get)* coger	Got *(gát)*	Got *(gát)*
Go *(góu)* ir	Went *(uént-t)*	Gone *(góun)*
Have *(jáv-v)* tener	Had *(jad)*	Had *(jad)*
Keep *(kíp)* mantener	Kept *(kép-t)*	Kept *(kép-t)*
Let *(let)* permitir	Let *(let)*	Let *(let)*
Make *(méik-k)* hacer	Made *(méi-d)*	Made *(méi-d)*
Push *(push)* empujar	Pushed *(púshd-d)*	Pushed *(pushd-d)*
Put *(put)* poner	Put *(put)*	Put *(put)*
Pray *(préi)* orar	Prayed *(préid-d)*	Prayed *(préid-d)*
Say *(séi)* decir	Said *(séd)*	Said *(séd)*
See *(sí-i)* ver	Saw *(só)*	Seen *(sí-in)*
Seem *(sí-im)* parecer	Seemed *(sím-d)*	Seemed *(sím-d)*
Send *(sén-d)* enviar	Sent *(sén-t)*	Sent *(sén-t)*
Take *(téi-k)* agarrar	Took *(túk)*	Taken *(téi-ken)*

Perdonando que redunde tanto la palabra repito, pero repito. Y al final, repito… es indispensable que usted estudie estos dieciocho verbos en sus tres tiempos: Presente, pasado y participio pasado, más su uso en cada pronombre **I, you, he, she, it, they** para lograr hablar inglés con facilidad.

Los mismos aparecen detallados y conjugados en el libro *Aprenda inglés con la ayuda de Dios.*

Uso de un verbo auxiliar como verbo principal

Ya sabemos que los dos verbos auxiliares más frecuentes (por ser más útiles) son **to be** y **to have**. Para muchos autores, el de mayor uso es **to be** ya que indica lo que el sujeto es o cómo está. Muchos de nosotros lo conocemos por la famosa frase de Shakespeare: "**To be or not to be**" ("Ser o no ser"). Pero **to be** puede también usarse como verbo principal en muchas ocasiones. Antes de continuar, el lector debe asegurarse una vez más de dominar la conjugación de este importante verbo tanto en presente como en pasado.

To be (tu bí)

TIEMPO PRESENTE	TIEMPO PASADO
I am *(ái am...)* Yo soy	**I was** *(ái uós...)* Yo era / Yo fui
You are *(llú-u ár...)* Tú eres / Usted es	**You were** *(llú-u uéar)* Tú eras / Usted era
He is *(jí is...)* Él es	**He was** *(jí uós...)* Él era / Él fue
She is *(s-chí is...)* Ella es	**She was** *(s-chí uós...)* Ella era / Ella fue
It is *(it is...)* ( ) Es	**It was** *(it uós...)* ( ) Es / Fue
We are *(uí ár...)* Nosotros somos	**We were** *(uí uéar...)* Nosotros éramos / fuimos
You are *(llú-u ár...)* Ustedes son	**You were** *(llú-u uéar...)* Ustedes eran / fueron
They are *(déi ár...)* Ellos son	**They were** *(déi uéar...)* Ellos eran / fueron

Usándolo como verbo principal en las oraciones.

I <u>am</u> a good Christian
Ái am ei gúd cris-tian
Yo soy un buen cristiano

You <u>are</u> a fast runner
Yú ar ei fas-t róne-r
Eres un corredor rápido

Will <u>is</u> a cute boy
Uíl is ei kiú-t boi
Will es un niño simpático

Gabrielle <u>is</u> a pretty girl
Gabriel-l is a priri guér-l
Gabrielle es una niña linda

They <u>are</u> a noisy bunch
Déi ar ei nóisi bón-ch
Ellos son un grupo ruidoso

It <u>was</u> a nice service
It uós ei náis ser-vis
Fue un bonito servicio

You <u>were</u> a fast runner
Yú uear ei fas-t róne-r
Tú fuiste un corredor rápido

En futuro

De la misma manera, **to be** puede usarse como verbo principal en tiempo futuro. Para ello necesitamos ahora el auxiliar **will**. La combinación de ambos verbos expresan que algo va a suceder en el futuro.

I will <u>be</u> moving next week
Ái uíl bi múvin-g nex-t uík
Me estaré mudando la próxima semana

You will <u>be</u> moving next week
Yú uíl bi múvin-g nex-t uík
Te estarás mudando la próxima semana

He will <u>be</u> moving next week
Jí uíl bi múvin-g nex-t uík
Él se estará mudando la próxima
semana

They will <u>be</u> moving next week
Déi uíl bi múvin-g nex-t uík
Ellos se estarán mudando la próxima
semana

La contracción "will"

I will es usualmente expresado usando la contracción **I'll** *(ái-l)* en la mayoría de las conversaciones. Igual se hace con las demás personas de la conjugación. Si no lo recuerda, una contracción es un modismo lingüístico ("**slang**" en inglés), que sirve para acortar la palabra eliminando una o más letras al pronunciarla o escribirla, mediante un **apostrophe** (')

I'll be moving next week	*ái-l bi múvin-g nex-t uík*
You'll be moving next week	*yú-l bi múvin-g nex-t uík*
He'll be moving next week	*Jí-l-l bi múvin-g nex-t uík*
She'll be moving next week	*shí-l bi múvin-g nex-t uík*
It'll be moving next week	*It-l bi múvin-g nex-t uík*
We'll be moving next week	*uí-l bi múvin-g nex-t uík*
You'll be moving next week	*yú-l bi múvin-g nex-t uík*
They'll be moving next week	*déi-l bi múvin-g nex-t uík*

Las contracciones son muy frecuentes en inglés. Y también muy útiles. Más abajo estudiaremos las de otros verbos.

Uso de *to have* como verbo principal

Con **to have** como auxiliar se forman la mayoría de los tiempos compuestos. No es posible dominar bien el idioma inglés si no se sabe bien este importante verbo.

To have tiene dos significados en inglés: Tener y haber. En español, esos dos verbos tienen cientos de palabras diferentes que deben usarse al conjugarlos en sus diversos tiempos. **To have**, sin embargo, solo tiene tres palabras que aprender, las que se usan en todos sus tiempos.

Ellas son **have** *(jáv)*, **has** *(jás)* y **had** *(jád)*. ¿No facilita esto el aprendizaje del inglés? Solo tiene que poner un poco más de atención a este verbo en particular para entenderlo, memorizarlo y aprenderlo.

To have como verbo principal se usa principalmente con su acepción tener. Yo tengo, tú tienes, él tiene, etc.

To have (tu jáv) como tener

TIEMPO PRESENTE	TIEMPO PASADO
I have (ái jáv...) Yo tengo	**I had** (ái jád...) Yo tenía
You have (llú-u jáv...) Tú tiene/Usted tiene	**You had** (llú-u jád...) Tú tenías/Usted tenía
He has (jí jás...) Él tiene	**He had** (jí jád...) Él tenía
She has (s-chí jás...) Ella tiene	**She had** (s-chí jád...) Ella tenía
It has (it jás...) ( ) Tiene	**It had** (it jád...) ( ) Tenía
We have (uí jáv...) Nosotros tenemos	**We had** (uí jád...) Nosotros teníamos
You have (llú-u jáv...) Ustedes tienen	**You had** (llú-u jád...) Ustedes tenían
They have (déi jáv...) Ellos tienen	**They had** (déi jád...) Ellos tenían

Usémoslo como verbo principal

I have a Bible
Ái jáv ei Bái-bel
Yo tengo una Biblia

You have a sister
Yú jáv ei sis-te-r
Tú tienes una hermana

He has a car
Jí jás ei ca-r
Él tiene un carro

She has a TV set
Shí jás ei ti-vi set
Ella tiene un televisor

It has a pretty color
It jás ei pri-ri ca-lor
Eso tiene un bonito color

We have a home
Uí jáv ei jóum
Nosotros tenemos un hogar

You have a patio
Yú jáv ei pa-rio
Ustedes tienen un patio

They have a church
Déi jáv e chérch
Ellos tienen una iglesia

She had a mirror
Shí jád ei mi-rro-r
Ella tenía un espejo

You had a computer
Yú jád e cam-piú-rer
Ustedes tenían una computadora

Los caballos de batalla: To be, to have y to do

Hemos hecho un aparte para repasar los verbos irregulares **to have** (tener o haber) y **to be** (ser o estar), no solo porque tienen dos significados cada uno, lo que los hace un poquito más complicados, sino porque son junto a **to do,** los verbos más usados en el idioma inglés, tanto como verbos auxiliares que cual verbos principales.

A lo largo de este libro he estado insistiendo en repetir y repetir porque, según mi experiencia (y la de muchos), repetir es lo que produce la práctica. Y la práctica es lo que produce un resultado exitoso. El lector debe repetir estos verbos hasta el cansancio de manera que a la hora de usarlos no tenga que hacer una búsqueda mental para la persona o forma necesaria, sino que esta fluya por si sola en su mente.

To be *(tu bí)* como ser

TIEMPO PRESENTE	TIEMPO PASADO
I am *(ái am...)* Yo soy	**I was** *(ái uós...)* Yo era / Yo fui
You are *(llú-u ár...)* Tú eres / Usted es	**You were** *(llú-u uéar)* Tú eras / Usted era
He is *(jí is...)* Él es	**He was** *(jí uós...)* Él era / Él fue
She is *(s-chí is...)* Ella es	**She was** *(s-chí uós...)* Ella era / Ella fue
It is *(it is...)* ( ) Es	**It was** *(it uós...)* ( ) Es / Fue
We are *(uí ár...)* Nosotros somos	**We were** *(uí uéar...)* Nosotros éramos / fuimos
You are *(llú-u ár...)* Ustedes son	**You were** *(llú-u uéar...)* Ustedes eran / fueron
They are *(déi ár...)* Ellos son	**They were** *(déi uéar...)* Ellos eran / fueron

To be *(tu bí)* como estar

TIEMPO PRESENTE	TIEMPO PASADO
I am *(ái am...)* Yo estoy	**I was** *(ái uós...)* Yo estaba / Yo estuve
You are *(llú-u ár...)* Tú estás / Usted está	**You were** *(llú-u uéar...)* Tú estabas / Usted estaba
He is *(jí is...)* Él está	**He was** *(jí uós...)* Él estaba / Él estuvo

She is *(s-chí is…)* Ella está	**She was** *(s-chí uós…)* Ella estaba / Ella estuvo
It is *(it is…)* ( ) Está	**It was** *(it uós…)* ( ) Estaba / estuvo
We are *(uí ár…)* Nosotros estamos	**We were** *(uí uéar…)* Nosotros estábamos / fuimos
You are *(llú-u ár…)* Ustedes están	**You were** *(llú-u uéar…)* Ustedes estaban / estuvieron
They are *(déi ár…)* Ellos están	**They were** *(déi uéar…)* Ellos estaban / estuvieron

To have *(tu jáv)* como tener

TIEMPO PRESENTE	TIEMPO PASADO
I have *(ái jáv…)* Yo tengo	**I had** *(ái jád…)* Yo tenía
You have *(llú-u jáv…)* Tú tienes/Usted tiene	**You had** *(llú-u jád…)* Tú tenías/Usted tenía
He has *(jí jás…)* Él tiene	**He had** *(jí jád…)* Él tenía
She has *(s-chí jás…)* Ella tiene	**She had** *(s-chí jád…)* Ella tenía
It has *(it jás…)* ( ) Tiene	**It had** *(it jád…)* ( ) Tenía
We have *(uí jáv…)* Nosotros tenemos	**We had** *(uí jád…)* Nosotros teníamos
You have *(llú-u já…)* Ustedes tienen	**You had** *(llú-u jád…)* Ustedes tenían
They have *(déi jáv…)* Ellos tienen	**They had** *(déi jád…)* Ellos tenían

To have *(tu jáv)* como haber

TIEMPO PRESENTE	TIEMPO PASADO
I have *(ái jáv…)* Yo he	**I had** *(ái jád…)* Yo había / Yo hube
You have *(llú-u jáv…)* Tú has/Usted ha	**You had** *(llú-u jád)* Tú habías/Usted había
He has *(jí jás…)* Él ha	**He had** *(jí jád…)* Él había / Él hubo

She has *(s-chí jás...)* Ella ha	**She had** *(s-chí jád...)* Ella había / hubo
It has *(it jás...)* ( ) Ha	**It had** *(it jád...)* ( ) Había / hubo
We have *(uí jáv...)* Nosotros hemos	**We had** *(uí jád...)* Nosotros habíamos/hubimos
You have *(llú-u jáv...)* Ustedes han	**You had** *(llú-u jád...)* Ustedes habían/hubieron
They have *(déi jáv...)* Ellos han	**They had** *(déi jád...)* Ellos habían/hubieron

To do *(tu dú)* Hacer

TIEMPO PRESENTE	TIEMPO PASADO
I do *(ái dú...)* Yo hago	**I did** *(ái did...)* Yo hice
You do *(llú-u dú...)* Tú haces/Usted hace	**You did** *(llú-u did...)* Tú hiciste/Usted hizo
He does *(jí das...)* Él hace	**He did** *(jí did...)* Él hizo
She does *(s-chí das...)* Ella hace	**She did** *(s-chí did...)* Ella hizo
It does *(it das...)* ( ) Hace	**It did** *(it did...)* ( ) Hizo
We do *(uí dú...)* Nosotros hacemos	**We did** *(uí did...)* Nosotros hicimos
You do *(llú-u dú...)* Ustedes hacen	**You did** *(llú-u did...)* Ustedes hicieron
They do *(déi dú...)* Ellos hacen	**They did** *(déi did...)* Ellos hicieron

En los dieciocho verbos fundamentales estudiamos que **to make** significa "hacer"

To make *(Tu méik)* Hacer

TIEMPO PRESENTE	TIEMPO PASADO
I make *(ái méik...)* Yo hago	**I made** *(ái méid...)* Yo hice
You make *(llú-u méik...)* Tú haces/Usted hace	**You made** *(llú-u méid...)* Tú hiciste/Usted hizo

He makes (*jí méiks…*) Él hace	**He made** (*jí méid…*) Él hizo
She makes (*s-chí méiks…*) Ella hace	**She made** (*s-chí méid…*) Ella hizo
It makes (*it méiks…*) ( ) Hace	**It made** (*it méid…*) ( ) Hizo
We make (*uí méik…*) Nosotros hacemos	**We made** (*uí méid …*) Nosotros hicimos
You make (*llú-u méik…*) Ustedes hacen	**You made** (*s-chí méid…*) Ustedes hicieron
They make (*déi méik…*) Ellos hacen	**They made** (*déi méid…*) Ellos hicieron

Y ahora acabamos de ver que to do también significa "hacer", en todas sus personas. Entonces… ¿cuándo se usa **to do** y cuándo **to make**?

¿To do o to make?

Esto fue estudiado en el primer libro, pero vale la pena recordarlo. Existe una regla muy fácil de entender y de seguir que permite usar el verbo adecuado en la oración correcta:

Do se usa cuando usted hace, hará o hizo algo intangible, que no se nombra.

Make se usa cuando usted hace, hará o hizo algo material, físico o cuando fabrica algo.

Ejemplos:

I will do that tomorrow
Ái uíl dú dat tu-marrau
Yo haré eso mañana

They made a lot of noise
Déi méid e lot of nói-s
Ellos hicieron mucho ruido

Make me a sandwich
Méik mí a sand-uích
Hazme un emparedado

She is making a stew
S-chí is méikin a s-tú
Ella está haciendo un cocido

Please, do that for us
Plís, dú dat for ós
Por favor, haz eso por nosotros

Do what the Bible says
Dú uát de Bái-bel sés
Haz lo que dice la Biblia

Otras contracciones

El inglés está lleno de contracciones en su forma hablada. Es una de las cosas más difíciles de aprender pues tenemos que acostumbrar el oído a captar esos diferentes sonidos. Eso solo se consigue escuchando hablar el idioma lo más posible, de ahí que recomendemos que oiga estaciones de radio, programas de televisión y películas en inglés con mucha frecuencia.

Contracciones del verbo **to be**:

	I am	*ái am*	Yo soy / Yo estoy
CONTRACCIÓN	I'm	*áim*	Yo soy / Yo estoy
	You are	*llú-u ar*	Tú eres / Tú estás
CONTRACCIÓN	You're	*llór*	Tú eres / Tú estás
	He is	*jí is*	Él es / Él está
CONTRACCIÓN	He's	*jís*	Él es / Él está
	We are	*uí ar*	Nosotros somos / estamos
CONTRACCIÓN	We're	*uír*	Nosotros somos / estamos

Ejemplos con su forma negativa

	I do not want	*ái du not guánt*	Yo no quiero
CONTRACCIÓN	I don't want	*ái dóun-t guánt*	Yo no quiero

Lo mismo sucede con:

Does not que se convierte en **doesn't**

She does not know how to speak French
S-chí dós nat nóu jáo tu s-pík frén-ch
Ella no sabe cómo hablar francés

She doesn't know how to speak French
S-chí dósen-t nóu jáo tu s-pík frén-ch
Ella no sabe cómo hablar francés

Are not que se convierte en **aren't**

We are not ready for the trip
Uí ar nat rédi for da trip
Nosotros no estamos listos para el viaje

We aren't ready for the trip
Uí áren-t rédi for da tri-p
Nosotros no estamos listos para el viaje

Is not que se convierte en **isn't**

Oscar is not home	Oscar isn't home
Oscar is nat jóum	*Oscar í-sen-t jóum*
Oscar no está en casa	Oscar no está en casa

Was not que se convierte en wasn't

Ian was not there	Ian wasn't there
Ian uós nat déar	*Ian uó-sent déar*
Ian no estaba allí	Ian no estaba allí

Contracciones del verbo to have

Las contracciones de **to have** son casi todas en forma negativa.

Have not que se convierte en haven't

You have not eaten yet	You haven't eaten yet
Llú jáv nat í-ten yet	*Llú jáven-t eaten yet*
Tú no has comido todavía	Tú no has comido todavía

Has not que se convierte en hasn't

Mark has not eaten yet	Mark hasn't eaten yet
Mark jás nat í-ten yet	*Mark jásen-t í-ten yet*
Mark no ha comido todavía	Mark no ha comido todavía

Otras contracciones negativas

Nicole can not jump	Nicole can't jump
Ní-col ken nat yóm-p	*Ní-col ken-t jump*
Nicole no puede saltar	Nicole no puede saltar
You need not to write	You needn't to write
Llú níd nat tu ráit	*Llú ní-dent tu ráit*
No necesitabas llamar	No necesitabas llamar
You can not have	You can't have
Llú-u kan not jáv	*Llú kan-t jáv*
Tú no puedes tener	Tú no puedes tener

Gonna

Gonna es la contracción de la frase **going to** *góin-g tu* (yendo a) y los estadounidenses la usan más que beber agua. Esa contracción no está reconocida gramaticalmente porque ni siquiera es una palabra. Sin embargo, es de uso diario para múltiples situaciones. Lo simpático de ella es que ella se forma dentro de nuestro lenguaje por sí sola, sin esfuerzo voluntario alguno.

Usted mismo lo comprobará después que lleve un tiempo practicando inglés.

I am gonna go to the garage
Ai am góna góu tu da garach
Yo voy a ir al garaje

It's gonna be a hot afternoon
It-s góna bí ei ját after-nún
Va a ser una tarde calurosa

She's gonna be back in a little while
Shí-s góna bí bá-k in ei líte-l uái-l
Ella va a volver en un ratito

Llene el espacio vacío con la forma correcta (en pasado) del verbo señalado

1. (To walk)
   She _____ to the supermarket.
   Shí _____ tu da super mar-ke-t.
   Ella _____ al supermercado.

2. (To have)
   Nereida _____ a horse in her farm.
   Nereida _____ e jór-s in jer far-m.
   Nereida _____ un caballo en su finca.

3. (To eat)
   Gloria was sick after she _____ a fish.
   Gloria uós sík af-tar shí _____ ei fish.
   Gloria se enfermó después que ella _____ un pescado.

4. (To be)
   Our friend, Joe _____ the best singer.
   Aua-r frén-d Yóu _____ a bes-t sín-guer.
   Nuestro amigo Joe _____ el mejor cantante.

5. (To play)
   Nicolas _____ too long in the sun.
   Nicolas _____ tu lon-g in da són.
   Nicolás _____ demasiado tiempo en el sol.

Llene el espacio vacío con la forma correcta (en presente) del verbo señalado

6. (To have)
   Lourdes _____ eight sisters.
   Lúrdes _____ éi-t sis-tars.
   Lourdes _____ ocho hermanas.

7. (To live)
   Maribel _____ in Puerto Rico.
   Maribel _____ in Puero-rícou.
   Maribel _____ en Puerto Rico.

8. (To earn)

The employees _____ a good salary.

Da em-plo-yí-is _____ a gúd sála-ri.

Los empleados _____ un buen sueldo.

9. (To drink)

Plants _____ water, same as we do.

Plant-s _____ uó-rar, séim as uí du.

Las plantas _____ agua, igual que nosotros.

10. (To pray)

We _____ to God for your health.

Uí préi tu Gád for lluar jél-z.

Nosotros _____ a Dios por tu salud.

Subraye el verbo auxiliar en cada una de estas oraciones

11. **Raul was blessed to find a job.**

Raúl uós blés-d tu fáin-d ei jáb.

Raúl fue bendecido al encontrar un trabajo.

12. **Maritza has visited many countries.**

Maritza jás ví-si-ted méni cón-tris.

Maritza ha visitado muchos países.

13. **Armando has worked very hard.**

Armando jás uérk-d véri jár-d.

Armando ha trabajado muy duro.

14. **Fabiola must take a break.**

Fabiola mós-t téi-k a bréi-k.

Fabiola debe tomarse un respiro (descanso temporal).

15. **You may enter the room.**

Llú méi en-tar da rú-um.

Puedes entrar a la habitación.

Usted estudió dieciocho verbos fundamentales, ¿cierto?

¿Cuáles son los tres más usados?

To _____

To _____

To _____

Mencione al menos cinco verbos fundamentales más, sin mirarlos en las páginas anteriores.

To _____

To _____

To _____

To _____

To _____

Capítulo 7

PREGUNTANDO SE LLEGA A ROMA

Jesús se dio cuenta de que querían hacerle preguntas acerca de esto, así que les dijo: —¿Se están preguntando qué quise decir cuando dije: "Dentro de poco ya no me verán, y un poco después volverán a verme"?

—Juan 16:19

Jesus saw that they wanted to ask him about this, so he said to them, "Are you asking one another what I meant when I said, 'In a little while you will see me no more, and then after a little while you will see me'?

—John 16:19

"**P**ero yo no quiero llegar a Roma, sino a New York", pensará usted. No importa. La interrogación es una parte importante de cualquier idioma, pero en inglés lo es más. Tanta, que aunque aún estamos dentro de la tercera "piedra" del *habla*, los verbos, es necesario dedicar un capítulo aparte a la interrogación. Los anglosajones usan las preguntas como parte de su habla cotidiana, a veces para las cosas más simples y por eso es importante que las estudiemos a fondo.

Primero que nada recuerde que si va a escribir una oración interrogativa, en inglés solo se usa el signo de interrogación (?) al final de la oración y nunca al principio, como en español, en que estamos acostumbrados a abrir y cerrar la pregunta con dos signos diferentes de interrogación (¿) y (?). ¿Recuerda esta parte de la gramática?

En inglés hay dos tipos de preguntas básicas

1) Las que comienzan con una palabra interrogante (**What, who, when, where, how,** y **why**) Qué, quién, cuándo, dónde, cómo y por qué.
2) Las que comienzan con un verbo, sea principal o auxiliar.

En el primer caso, las preguntas que usan una palabra interrogante son cuestiones directas que usualmente requieren una respuesta bien definida, más allá de un simple sí o no (**yes or no).**

En estas preguntas, después de la palabra interrogante casi siempre hay que poner un verbo auxiliar, de las familias de **to be** y **to do**... y después se coloca el sujeto. Por supuesto no hay ley exacta, y a veces se coloca el sujeto entre la pregunta interrogante y el verbo auxiliar, pero esto sucede en menos ocasiones y ya cuando usted domina más el idioma. Veamos algunos ejemplos.

Preguntas con palabras interrogativas

What? *juát?* ¿Qué?

What are you doing?
Juát ar llú-u dúin-g
¿Qué estás haciendo?

What time is it?
Juát táim is it?
¿Qué hora es?

What is your brother's name?
Juát is llúor brá-der-s néim?
¿Qué nombre tiene tu hermano

Who? *Jú* ¿Quién?

Who is that guy?
Jú is dát gái?
¿Quién es ese individuo?

Who are you?
Jú ar yú?
¿Quién eres tú?

Who said 'Let there be light'?
Jú sed 'let déar bi lái-t?
¿Quién dijo: "Hágase la luz"?

Whom? (Extensión de **Who**) *Jú-um?* ¿Quién?

Cuando se va a usar **who** después de una preposición, se debe usar **whom**

For whom is that letter?
For jú-um is dat lérer?
¿Para quién es esa carta?

To whom are you speaking?
To jú-um ar llú-u s-píkin?
¿A quién le hablas?

With whom are you going?
Uíz jú-um ar llú-u goín?
¿Con quién estás yendo?

Whose? (Extensión de **who**) *Jú-us?* ¿De quién?

Fíjese que **whose** significa ¿De quién? y no ¿Quién?

Whose is this glass?
Jú-us is dis glás?
¿De quién es este vaso?

Whose is that car?
Jú-us is dat car?
¿De quién es ese auto?

Whose books are these?
Jú-us búk-s ar dís?
¿De quién son estos libros?

Which? *Juích?* ¿Cuál?

Which is my plate?
Juích is mái pléi-t?
¿Cuál es mi plato?

Which are their candles?
Juích ar déir can-del-s?
¿Cuáles son sus velas?

Which house is yours?
Juích jáuse is llú-ars?
¿Cuál es tu casa?

Where? *Juéar?* ¿Dónde?

Where do you live?
Juéar du llú-u lív?
¿Dónde vives? ¿Dónde vive usted?

Where is my raincoat
Juéar is mái rein cóu-t?
¿Dónde está mi impermeable?

Where are their handbags?
Juéar ar déar jánd bag-s?
¿Dónde están sus carteras?

When? *Juén?* ¿Cuándo?

When is the service?
Juén is da serviz?
¿Cuándo es el servicio?

When did you graduate?
Juén did llú-u gradu-éit?
¿Cuándo te graduaste?

When will you come to visit?
Juén uíl llú-u cóm tu visit?
¿Cuándo vendrás a visitarnos?

How? *Jáo?* ¿Cómo?

How are you?
Jáo ar llú-u?
¿Cómo estás?

How do you do?
Jáo dú llú-u dú?
¿Cómo está usted? (más formal)

How is your sister
Jáo is llúar sis-tar?
¿Cómo está tu hermana?

How much? *Jáo móch?* (Extensión de how) ¿Cuánto?

How much is that?
Jáo moch is dat?
¿Cuánto cuesta aquello?

How much is a pound?
Jáo moch is e páun-d?
¿Cuánto es una libra?

How much more to get home?
Jáo moch móar tu guet jóum?
¿Cuánto más falta para llegar a casa.

Why? *Juái?* ¿Por qué?

Why did you do that?
Juái did llú-u dú dat?
¿Por qué hiciste eso?

Why do we have to go?
Juái du uí jáv tu góu?
¿Por qué tenemos que ir?

Why are you still in the pool?
Juái ar llú-u s-tíl in da pú-ul?
¿Por qué estás todavía en la piscina (pileta)?

Preguntas que comienzan con un verbo (auxiliar o principal)

En el segundo caso, las preguntas que comienzan con un verbo; estas son oraciones interrogantes donde se ha alterado la estructura normal de la oración. En una oración normal el sujeto va delante del verbo. En la oración interrogante, el sujeto va después del verbo que se está usando para comenzar la pregunta.

Los verbos auxiliares que más se usan para preguntar son **to do** y **to be**. Veamos los ejemplos.

Preguntas con *to do* (hacer)

Si el verbo no es **to do**, solo tiene que iniciar la pregunta con **Do...** o **Does**, si es en tercera persona (**He, she, it**) antes del sujeto.

Does he pray every day?
Dós jí préi-s evri déi?
¿Ora él todos los días?

Does Gladys speak English?
Dós Glá-dis s-pík íngli-sh
¿Habla Gladys inglés?

Do you know me?
Dú llú-u nóu mi?
¿Me conoce usted?

Do I know you?
Dú ái nóu llú-u?
¿Te conozco?

Preguntas con *to be* (ser o estar)

Usted ya debe conocer bien cómo conjugar **to be** (am, is, are).

Para preguntar con este verbo, empiece la oración con la forma que corresponda al sujeto y coloque el sujeto detrás.

Is Nick reading a book?
Is Nik rídin a búk?
¿Está Nick leyendo un libro?

Am I driving too fast?
Am ái dráivin tú fás-t?
¿Estoy guiando demasiado rápido?

Are they going to church?
Are déi góin-g tu chérch?
¿Van ellos a la iglesia?

Are you American citizens?
Are Ilú Ameri-can cíti-zens
¿Son ustedes ciudadanosestadounidenses?

Dos preguntas que vieron y oyeron millones de personas de un niño todavía anestesiado al salir del dentista. (**David after Dentist** en www .YouTube.com.)

Is this the real world?
Is dís de ríal uérl-d¿
¿Es este el mundo real?

Is this going to last forever?
Is dís góin-g tu las-t forevar?
¿Va esto a durar para siempre?

Cómo contestar las preguntas

No me canso de alabar los verbos auxiliares porque facilitan el idioma inglés de una manera extraordinaria.

Las preguntas que se hacen empezando con los verbos **to do, to be** o **to have** son rápida y fácilmente contestadas con solo repetir el auxiliar con el que se formuló la interrogación, sin necesidad de repetir el verbo principal.

Ejemplos:

PREGUNTA: Did you read your Bible?
Did Ilú-ríd Ilú-ur Bái-bel?
¿Leíste tu Biblia?

RESPUESTA: Yes, I did.
Llés, ái díd
Sí, lo hice

Con esa corta respuesta, el verbo auxiliar no solo evita tener que repetir toda la oración para contestarla, sino que provee cierto grado de énfasis a la respuesta.

PREGUNTA: Do you have a dollar?
Dú Ilú-u jáv ei dó-lar?
¿Tienes un dólar?

RESPUESTA: No, I don't
Nóu, ái dón-t
No, no lo tengo

PREGUNTA: Have you been to Disney World?
Jáv Ilú-bí-in tu Dísni Uér-ld?
¿Has visitado Disney World?

RESPUESTA: **Yes, I have**
Llés, ái jáv.
Sí, lo he hecho

PREGUNTA: **Are you a christian?**
Ár llú a Crís-tian?
¿Eres tú (usted) cristiano?

RESPUESTA: **Yes, I am**
Llés ái am
Sí, lo soy

PREGUNTA: **Is Vivian going to the Deli?**
Is Vivian gó-ing tu da déli?
¿Va a ir Vivian al deli?

RESPUESTA: **No, she is not (o isn't)**
Nóu, shí is not (o ísen-t)
No (ella no va)

I do

I do es el "sí" más enfático posible que se puede decir en inglés, cuando se contesta una pregunta directa dirigida a usted y en la que le preguntan si está de acuerdo con algo o si usted hace algo.

Posiblemente lo haya visto u oído en cine o televisión, en escenas de bodas o en juicios, cuando se le pregunta a alguien si acepta a la pareja: **Do you take this woman as your wife?** *Du llú téik dis wuman as yúar uái-f?* (¿Toma usted a esta mujer como su esposa?) o en los tribunals: **Do you swear yo say the truth, the whole truth and nothing but the truth?** *Du llú suéaer to séi da tru-z, da jóul tru-z, an-d názing bat de tru-z?* ¿Jura usted decir la verdad, toda la verdad y nada más que la verdad?

En ambos casos, la respuesta es un rotundo **I do** *ái dú* Sí (sí acepto o sí juro), tan y tan rotundo que no es necesario contestar con la oración completa.

Why y because *bícoz* **Por qué y porque**

Por lo general, las preguntas hechas con la palabra interrogativa **Why?** (¿Por qué?) se contestan empezando con **Because** *bícoz* (Porque), de la misma manera que español casi siempre contestamos los ¿Por qué? con un porque.

Para los ejemplos usemos las mismas preguntas que practicamos más arriba con **why**:

P: **Why did you do that?**
Juái did llú-u dú dat?
¿Por qué hiciste eso?

R: **Because Mom asked me**
Bícoz Mam ask-d mi
Porque mami me lo pidió.

P: **Why do we have to go?**
Juái du uí jáv tu góu?
¿Por qué tenemos que ir?

R: **Because we had agreed to**
Bícoz uí jád agrí-id tu
Porque lo habíamos acordado.

P: **Why are you still in the pool?**
Juái ar llú-u s-tíl in da pú-ul?
¿Por qué estás todavía en la piscina (pileta)?

R: **Because today is my day-off**
Bícoz tudéi is máy déi af
Porque hoy es mi día libre.

Las preguntas "salvavidas"

Hay una serie de preguntas en inglés que son verdaderos "salvavidas" en una sucesión de situaciones que pueden surgir en ocasiones y presentar alguna dificultad momentánea para nosotros. Veamos algunas:

Where is your restroom?
Uéar is lluár res-t rúm?
¿Dónde está su baño (servicio)?

May I use your restroom?
Méi ái iús lluár res-t rúm?
¿Puedo usar su baño (servicio)?

How do you pronounce this word?
Jáo du llú pro-náun-s dís uér-d?
¿Cómo pronuncia esta palabra?

How do you say (una palabra difícil) in English?
Jáo du llú séi _____ in Ingli-sh?
¿Cómo usted dice _____ en inglés?

Where can I find a restaurant?
Uéar ken ái fáin-d ei res-to-ran-t ?
¿Dónde puedo encontrar un restaurante?

How far it is to the nearest gas station?
Jáo far it is tu da níe-res-t gas stéi-chon?
¿Cuán lejos es la próxima estación de gasolina?

Can you tell me where this address is?
Ken llú tel mí uéa-r dís ádre-s is?
¿Puede decirme dónde queda esta dirección?

What is the meaning of this?
Uát is di míning-g of dís?
¿Cuál es el significado de esto?

Convierta las siguientes oraciones en oraciones interrogativas añadiendo una forma del verbo "to do" o "to be", o alterando el orden de las palabras, según sea necesario.

1. You have four sons _____

2. He has black hair _____

3. Alberto runs fast _____

4. Our flag is white, red and blue _____

5. We are at the church _____

6. David is very good playing football _____

7. Will likes to read books _____

8. Bill used to be a Pastor _____

9. Lucy finished college _____

10. Gabriela likes to dance _____

Conteste las siguientes preguntas hechas con what, why, when, who.

11. Who is going with you? _____

12. What time is it? _____

13. Where do you live? _____

14. When is the show? _____

15. Why is she crying? _____

Convierta estas respuestas en preguntas con how, how many y how much.

16. It costs one dollar _____

17. I am well, thank you _____

18. We are a group of five _____

Capítulo 8

CÓMO FABRICAR VERBOS

Con estos ingredientes harás un aceite, es decir, una mezcla
aromática como las de los fabricantes de perfumes. Éste será el
aceite de la unción sagrada.

—Éxodo 30:25

Make these into a sacred anointing oil, a fragrant blend, the work
of a perfumer. It will be the sacred anointing oil.
—Exodus 30:25

Preste atención ya que dos capítulos después, todavía estamos estudiando los verbos, así de importante es esta "piedra".

En el primer libro teníamos un capítulo que resultó muy útil, titulado "Fábrica de verbos caseros". En el mismo enseñamos una manera fácil y sencilla de salir de problemas si algún día tuviéramos que usar un verbo que no sepamos conjugar, quizás porque sea uno de esos más de cinco mil que componen el idioma inglés y que no hemos estudiado nunca.

Lo mejor de todo es que no tenemos que inventar verbos, como a veces hacemos en español al caer en el vernacular "spanglish" de nuestros tiempos. Si no lo cree, pregunte de dónde salieron verbos que no existen como "attachar", faxear", "textear", etc.

Mejor aun es usar lo que voy a describir. Es la forma en que muchos estadounidenses hablan. El sistema escolar en este país se ha ido quedando atrás en la calidad de su enseñanza y muchas personas terminan su escuela superior (**High School** *bái s-kúl*) con unos niveles educativos algo bajos. Con esto no estoy personalmente criticando el mencionado sistema, estoy repitiendo algo que hasta varios presidentes de la nación han dicho antes que yo, y que todos tratan de superar.

El método de "fabricar" el verbo consiste simplemente en usar el verbo desconocido en su forma infinitiva y añadirle alguna forma apropiada de uno de nuestros dieciocho verbos fundamentales. De ahí la importancia de estudiar esos dieciocho verbos hasta el cansancio.

Mi ejemplo clásico es **to kiss** *tu kis* besar

Si usted tiene que decir que su esposa le dio un beso, tiene que usar el pasado de **kiss**, que es **kissed**.

My wife kissed me   *Mái uái-f kis-d mi*   Mi esposa me besó

(Pero usted no conoce ese pasado de **to kiss**, entonces, ¿cómo salir del problema?)

Es fácil. Usted sí conoce el pasado de **to give**, que es **gave**, porque **give** es uno de los dieciocho verbos fundamentales. Y usted puede decir entonces lo mismo usando ese otro verbo en tiempo pasado y **kiss** en su modo infinitivo.

My wife gave me a kiss
Mái uái-f guéi-v mí a kis
Mi esposa me dio un beso.

¿No estamos diciendo lo mismo?

Veamos otro ejemplo con **to give** *tu guí-v* (dar) como auxiliar para preguntar.

En este caso con algo que suena parecido, pero no se parece en nada a **kiss**.

Usted quiere decir que su caballo lo pateó. Patear es el verbo **to kick** en inglés, pero usted no sabe el pasado de **to kick** *tu kik*, que es **kicked** *kik-t*.

Usted debería haber dicho:

My horse kicked me   *Mái jór-s kik-t mi*   Mi caballo me pateó.

Pero no puede. El problema se resuelve igual que el anterior. Usted solo tiene que decir:

My horse gave me a kick
Mái jór-s guéi-v mi e kik
Mi caballo me pateó

Y problema resuelto. Esposa y caballo contentos.

Usted encontrará que de los dieciocho verbos fundamentales, los más útiles para resolver situaciones como las anteriores son, en adición a **give**, los verbos **get, make, have, put, let, go y take**.

Veamos otros ejemplos. Usted quiere decir que Paola horneó un pastel.

Paola baked a pie   *Paola béik-t a pái*   Paola horneó un pastel

Y usted no conoce ese pasado de **to bake**... **baked**. Pensemos. ¿Dónde se hornea… no es en el horno? Horno se dice **oven** y es uno de los equipos de cocina que aprendimos en el primer libro. Igualmente sabemos conjugar el verbo **to Make** *tu méi-k* (hacer). Podemos entonces decir:

Paola made a pie in the oven
Paola méid a pái in da óuven
Paola hizo un pastel en el horno

No se escribe igual, pero el pastel sabe igualmente sabroso. Sigamos.

Usted quiere decir que Eduardo se bebió su medicina para la tos. Pero "bebió" es el pasado de **to drink**… **drank** y usted no lo conoce todavía. En lugar de decir:

Eduardo drank his cough medicine
Eduardo dránk jís kóf medi-cín
Eduardo <u>bebió</u> su medicina para la tos

usted puede decir:

Eduardo took his cough medicine
Eduardo túk jís kóf medi-cín
Eduardo se <u>tomó</u> su medicina para la tos

porque **took** es el pasado de **take**, que usted estudió en los verbos fundamentales.

Las preposiciones también ayudan

Usted estudiará las preposiciones un par de capítulos más adelante. Cuando lo haga, regrese a esta parte del libro para que, lo que sigue a continuación tenga más sentido para usted. Por ahora me limito a decirle que de las preposiciones que aprenderá, hay varias que le serán de gran ayuda para "crear" verbos de emergencia.

Esas preposiciones son: **in, back, on, off, out, up, down, for, after** y **by**. Uniéndolas a un verbo fundamental es fácil salir de esas emergencias.

Por ejemplo, usemos el verbo fundamental **to come** *tu cóm* (venir), que ya estudió (**come, came, came**) y algunas de estas preposiciones para que aprecie lo que le explico.

Digamos que usted quiere decirle a alguien que entre a su oficina o habitación. El verbo que debería usar es **to enter** *tu en-ter* (entre):

Please enter   *plíz en-ter*   Entre, por favor.

Sin embargo, no puede porque no conoce **to enter.** Lo que pudiera decir es:

Please come in   *plíz cóm in*   Entre, por favor.

¿Se da cuenta? Veamos otros ejemplos con **to come** y una preposición.

Jim <u>returned</u> from Bogota	Jim <u>came back</u> from Bogota
Yim ritérn-d fram Bogota	*Yim kéim bak fram Bogota*
Jim regresó de Bogota	Jim volvió de Bogota
It <u>turned out</u> very well	It <u>came out</u> very well
It térned áut veri uél	*It kéim áut veri uél*
Eso resultó muy bien	Eso salió muy bien

Veamos con el verbo fundamental **to go** *tu góu* (ir):

Rocio should <u>continue</u> her studies
Rocio shúd can-ti-niu jer s-tódi-s
Rocío debe continuar sus estudios

Rocio should <u>go on</u> with her studies
Rocio shúd góu an wiz jer s-tódi-s
Rocío debe continuar con sus estudios.

Mary <u>fell</u> down the stairs	Mary <u>went down</u> the stairs
Méri fel dáun da stéars	*Méri uén-t dáo-n da stéars*
Mary se cayó por las escaleras	Mary cayó por las escaleras

<u>Usemos el verbo fundamental **to put** *tu put* Poner</u>

The firefighters <u>extinguished</u> the flames
Da fái-er fái-rer-s ex-tin-guí-shed da fléims
Los bomberos extinguieron las llamas

The firefighters <u>put out</u> the flames
Da fái-er fái-rer-s put áut da fléims
Los bomberos apagaron (pusieron fuera) las llamas.

The party has been <u>postponed</u>	The party has been <u>put off</u>
Da pári jas bín póst-póun-d	*Da pári jas bín put of-f*
La fiesta ha sido pospuesta	La fiesta ha sido pospuesta

Los verbos imperativos

Un verbo imperativo es uno que le da una orden al sujeto. En casi todos los casos el sujeto es usted mismo porque es quien está oyendo o leyendo la orden. En la gramática inglesa, la oración que contiene un verbo imperativo es llamada oración (o frase) imperativa (**imperative** *im-pé-ra-tif*).

Para los muy estudiosos, el nombre imperativo viene de imperial, de imperio, es decir, proveniente de reyes, que eran los que hablaban dando órdenes, o quizás los únicos autorizados para darlas.

Para formar el modo imperativo de un verbo solo tenemos que quitarle el "To" a su modo infinitivo.

Por ejemplo el verbo infinitivo **to eat** (comer) se convierte en el imperativo **eat** (¡come!), al quitarle el **to**.

¿Cuándo tiene uso ese verbo imperativo?… pregúntele a cualquier madre cuyo hijo esté renuente a masticar y tragar sus vegetales.

Cómo convertir verbos imperativos en negativos (¡No hagas eso!), solo tenemos que anteponer el auxiliar **do not,** o su contracción **don't,** al verbo.

Don't eat that candy!
Dóun't ít dat can-di
¡No comas ese dulce!

Don't come in, the floor is wet
Dóun-t kom in, da flóar is uét
No entres, el piso está mojado

Don't go with her
Dóun-t góu wi-s jer
No vayas con ella

Usted está expuesto a muchos verbos imperativos pero quizás no se lo note. Por ejemplo, cada vez que va a un restaurante de "comida rápida" (**Fast food**) es usual ver un letrerito que dice:

Place order here
Pléi-s order jíar
Ponga su orden aquí (ordene aquí)

y otro cercano que dice:

Pick up your order here
Pik ap llúar order jíar
Recoja su orden aquí

O sea, le están dando una orden a usted para que pida y recoja su orden de alimentos en sitios predesignados.

Otro caso frecuente es si usted va a una piscina (pileta). En ellas es usual ver letreros que digan:

Don't run around the pool
Dóun-t ron aráaun-d da pu-úl
No corra alrededor de la piscina

Take a shower before entering the pool
Téik ei sáue-r bífoar en-tering da pu-úl
Dése una ducha antes de entrar a la piscina

Otros ejemplos:

Open your Bible
Oúpen llúar Bái-bel
Abre tu Biblia

Jeremy, do your homework
Lléremi, dú llúar jóum uérk
Jeremías, haz tu tarea escolar

Read that Bible passage
Ríd dat Bái-ble pá-sech
Lee ese pasaje de la Biblia

Pray with me
Préi uí-z mi
Ora conmigo

Let me in
Let mi in
Déjame entrar

Let me out
Let mi áut
Déjame salir

Go with Grandma
Góu wi-z Gran-d-ma
Ve con abuela

Turn down that TV volume
Tér-n dáo-n dat ti-vi voliú-m
Baja el volumen de esa TV

Come with me
Kóm uí-z mi
Ven conmigo

Keep your faith in the Lord
Kíp llúar féi-tz in da Lór-d
Mantén tu fe en el Señor

Don't go in the yard
Dóun-t gúu in da yar-d
No vayas al patio

El modo imperativo de un verbo puede ser tan importante que a veces hasta una sola palabra constituye toda una frase o implica una orden que no puede dejar de obedecerse. Por ejemplo, la palabra

Help! *Jél-p* ¡Auxilio! (¿No está usted diciendo con esta sola palabra todo un "venga alguien a ayudarme lo antes posible porque estoy en un serio problema"?)

Closed *(Clóu-d)* Cerrado (Esta otra, ¿no implica: "usted no puede entrar aquí hasta nuevo aviso"?)

Esa es otra de las bellezas del idioma inglés. Su brevedad.

Verbos y algunas palabras a vigilar

Igual que en las películas de indios y vaqueros, o de bandidos famosos, hay verbos, y a veces palabras, que nos tienden trampas y nos toman por sorpresa, usando la confusión en lugar de flechas y pistolas. Porque en inglés hay algunos verbos que parecen decir lo mismo, pero en realidad tratan de acciones y cosas muy diferentes. E igual que los bandidos y asaltantes, casi siempre andan en pareja.

Esas parejas son:

Hearing y **listening**
Lying y **laying**
Seeing y **looking**
Like y **alike**

Hearing y listening

Estos son gerundios de

| Hear | *jíar* | Oír | Hearing | *jía-ring* | Oyendo |
| Listen | *líse-n* | Escucha | Listening | *líse-ning* | Escuchando |

Esta posible confusión es algo de lo que nos advertían algunos maestros cuando éramos pequeños: "No es lo mismo oír que escuchar". Oír es lo que nuestro sentido de audición hace mecánicamente a toda hora. Es posible que ahora mismo usted, como yo, esté oyendo el ruido que hace un acondicionador de aire, pero no necesariamente retenemos en la memoria lo que oímos, y no nos percatamos a conciencia del ruido del acondicionador o de lo que sea que oigamos en este momento sin darnos cuenta. Pero escuchar es otra cosa. Ello requiere cierta atención de nuestra parte, es decir un esfuerzo voluntario. Y lo que escuchamos casi siempre se retiene en la memoria.

La única excepción a lo anterior es cuando mencionamos algo que se refiere a noticias, música, o que se haya dicho en la radio o televisión. En ese caso siempre se usa **hear**.

Veamos algunos ejemplos:

You are not listening to me!
Llú ar nat líse-ning tu mi!
¡No me estás escuchando!

Did you hear that noise?
Did llú jíar dat nóis?
¿Oíste ese ruido?

Have you heard Placido's last record?
Jáv llú jér-d Placido's las-t ré-cor-d?
¿Has oído el último disco de Plácido?

Does she listen to her mother's advices?
Dós shí líse-n tu jer madder's advái-ses?
¿Escucha ella los consejos de su madre?

My father heard it on the radio
Mái fader jér-d it on da réidio
Mi padre lo oyó en la radio

Lying y Laying

Estos también son dos gerundios de dos verbos que confunden a cualquiera.

Lie	*lái*	Mentir o yacer (acostado)
Lying	*lain-g*	Mintiendo o yaciendo
Lay	*léi*	Colocar o poner
Laying	*lé-ing*	Poniendo o colocando

Esto debe estudiarse despacio y con cuidado, como si fuera a cruzar una vía de ferrocarril. **Stop, look and listen**, *stop, lu-úk an lísen* (párese, mire y escuche). Por lo regular, en tiempo presente es fácil de distinguir auditivamente entre **lie** y **lay** (*lái y léi*). Pero en sus gerundios o en tiempo pasado, puede surgir la gran confusión. Veamos:

Let me lie down
Let mi lái dáo-n
Déjame acostarme

That guy said a lie
Dat gái séd ei lái
Ese tipo dijo una mentira

The soldier lays in his tomb
Da sol-dier léis in jis tóm-b
El soldado yace en su tumba

Geese lay eggs like chickens
Guís léi egs lái-k chi-kins
Los gansos ponen huevos como las gallinas

The witness is lying
Da uítnes-s is lái-ing
El testigo está mintiendo

Grandpa is laying down
Gran-d pa is lái-ing dá-on
Abuelo está recostado

Cómo detallar los tiempos de estos dos verbos

PRESENTE		PASADO		PARTICIPIO PASADO	
Lie	*lái*	Lay	*léi*	Lain	*léi-n*
Lay	*léi*	Laid	*léi-d*	Laid	*léi-d*

Seeing y looking

Este es un caso muy parecido al de **hear** y **listen.** Usted estará de acuerdo conmigo en que ver y mirar son dos "animales distintos", como acostumbran decir los estadounidenses (**two different animals** *tú dífren-t ánimal-s*) cuando quieren enfatizar que algo es bien diferente de otra cosa. Y para enredar más la situación, podemos añadir **watching** *uát-chíng*. Los tres son gerundios de:

See	*sí*	Ver	**Seeing**	*sí-ing*	Viendo
Look	*lúk*	Mirar	**Looking**	*lú-uking*	Mirando
Watch	*uátch*	Observar	**Watching**	*uát-ching*	Observando

Obviamente, "ver" es otra función automática y natural de nuestro organismo. Para eso Dios nos creó con ojos. Y de la misma manera que a cada segundo oímos cosas que no se registran en nuestro cerebro, nuestros ojos, si están abiertos, están viendo cosas que son tan naturales para nosotros que no le damos importancia. Pero la diferencia aparece cuando "miramos" algo. Para mirar ese algo tenemos que hacer una acción voluntaria, ya no es automática, sino que por voluntad propia quisimos <u>ver</u> algo específico... y eso es <u>mirar</u>.

Con watch sucede algo curioso. Dice la lógica que observar es mirar aun con más detenimiento. Pero esa es la lógica hispana. En inglés, se usa **to watch** cuando queremos mirar algo que está en movimiento o que está a punto de comenzar a moverse. Por ejemplo... como lo que vemos en televisión está en movimiento, **we watch the tv** *uí uátch da tiví*... nosotros no **look at the tv** *lúk at da tiví*. En todo caso podríamos **look** el aparato de televisión, pero no sus programas. Y... ojo... ese **watch** aquí se refiere al verbo **to watch**, no a un reloj pulsera que se llama igual.

Veamos algunos ejemplos.

See what happens when you don't obey?
Sí uát jápen-s uén llú don't oubey?
¿Ves lo que pasa cuando no obedeces?

Are you seeing this?
Ar llú sí-ing dís?
¿Estás viendo esto?

Look at that paint!
Lúk at dat péin-t!
¡Mira esa pintura! (un cuadro).

I'm watching a baseball game
Ái am uát-ching ei béisbol guéi-m
Estoy mirando un juego de pelota

(Yo sé que en español se oiría raro decir: "Estoy observando un juego de pelota", nosotros decimos "mirando", pero los anglos dicen **watching** porque los jugadores están en movimiento.)

Like y alike

Like	*lái-k*	Como (de comparación)
Alike	*alái-k*	Parecido o parecida

Like se usa cuando algo es <u>igual</u> a otro u otra cosa.

Alike se usa cuando algo es <u>parecido</u> a otro u otra cosa.
Es decir, se oyen igual... pero saben distinto.
Veamos ejemplos:

My son is a believer like me
Mái son is a bi-liver lái-k mi
Mi hijo es creyente como yo

Alberto loves puzzles like Yolanda
Alberto láv-s pózel-s lái-k Yolanda
A Alberto le encantan los rompecabezas como a Yolanda

Your brother and you are alike
Llúar bráder an-d llú ar alái-k
Tu hermano y tú son parecidos

My pastor and your pastor are alike
Mái pastor an-d llú-ar pastor ar alái-k
Mi pastor y tu pastor se parecen (o son parecidos)

Si usted se fija bien en las diferentes oraciones notará que **like** se coloca entre las dos personas o cosas que se están comparando, y **alike** se coloca después de mencionar las dos personas o cosas que se parecen.

Convierta las oraciones dadas, que usan verbos no estudiados (los subrayados), en otras oraciones "fabricadas" que expresen lo mismo, usando los verbos fundamentales que aquí reproducimos de nuevo para comodidad del lector.

Verbos fundamentales

Be	*bí*	(ser o estar)	Was	*uós*	Been	*bí-in*
Do	*dú*	(hacer)	Did	*did*	Done	*dóu-n*
Come	*cám*	(venir)	Came	*kéim*	Come	*cóm*
Give	*guív*	(dar)	Gave	*guéiv*	Given	*guíve-n*
Get	*get*	(coger)	Got	*gát*	Got	*gát*
Go	*góu*	(ir)	Went	*uént-t*	Gone	*góun*
Have	*jáv-v*	(tener)	Had	*jad*	Had	*jad*
Keep	*kíp*	(mantener)	Kept	*kép-t*	Kept	*kép-t*
Let	*let*	(permitir)	Let	*let*	Let	*let*
Make	*méik-k*	(hacer)	Made	*méi-d*	Made	*méi-d*
Push	*push*	(empujar)	Pushed	*púshd-d*	Pushed	*pushd-d*
Put	*put*	(poner)	Put	*put*	put	*put*
Pray	*préi*	(orar)	Prayed	*préid-d*	Prayed	*préid-d*
Say	*séi*	(decir)	Said	*séd*	Said	*séd*
See	*sí-i*	(ver)	Saw	*só*	Seen	*sí-in*
Seem	*sí-im*	(parecer)	Seemed	*sím-d*	Seemed	*sím-d*
Send	*sén-d*	(enviar)	Sent	*sén-t*	Sent	*sén-t*
Take	*téi-k*	(agarrar)	Took	*túk*	Taken	*téi-ken*

1. Isabela <u>awakens</u> every morning at 6:00 a.m.
   Isabela auéi–ken–s evri marn–ing at six éi em
   Isabela se despierta cada mañana a las 6:00 a.m.

(FABRICADA) _____

_____

2. Please, <u>enter</u>
   Plís, en–tar
   Entre, por favor

(FABRICADA) _____

_____

3. Mom <u>cooked</u> a cake for my birthday
   Mó-om kúk-d e kéi-k far mái bérz-déi
   Mami me cocinó un bizcocho (tarta) por mi cumpleaños

(FABRICADA) _____

_____

4. The temperature <u>fell</u> down last night.
   Da tem-per-a-cher fé-l dáon las-t nái-t
   La temperature cayó anoche

(FABRICADA) _____

_____

5. I will <u>continue</u> my Bible studies
   Ai uíl can-ti-níu mái Bái-bel stó-dí-s
   Yo continuaré mis estudios de la Biblia

(FABRICADA) _____

_____

Escriba una oración con el verbo en modo imperativo usando los verbos dados.

6. (To come) _____

_____

7. (To go) _____

_____

8. (To bring) _____

_____

9. (To jump) _____

_____

10. (To tell) _____

_____

Capítulo 9
LOS ADVERBIOS

Si acaso digo: "Olvidaré mi queja, cambiaré de expresión, esbozaré una sonrisa".
—Job 9:26-28

If I say, 'I will forget my complaint, I will change my expression, and smile,'
—Job 9:26-28

Tipos de adverbios

La mayoría de los libros de inglés describen al adverbio como un modificador del verbo o del adjetivo. Para mí son algo más que eso. Son ayudantes del verbo y del adjetivo, y tal como hacen los directores de cine, ayudan a darle carácter al personaje, que en este caso es la oración. Por lo regular se colocan después del verbo. La realidad es que esto no es una regla fija pues a veces se usan antes.

El prefijo "ad", que ya vimos en los adjetivos, significa "en adición a", o "hacia el o la", palabra que le sigue, que es "verbo", es decir, significa "hacia el verbo" o "en adición al verbo", implicando que es una añadidura a este. Pero recuerde, hace lo mismo con un adjetivo. De manera que los adverbios son tan importantes en la oración, que en mi modesta opinión, representan las varillas de hierro que refuerzan a cada piedra de nuestra pirámide del *habla*.

Observe una oración construida sin adverbio:

Joe plays tennis   *Yó-u pléi-s teni-s*   Joe (José) juega tennis

¿No la encuentra sin color? Ahora observe la misma oración con un adverbio.

Joe plays tennis badly
Yó-u pléi-s teni-s bad-ly
Joe juega tennis muy mal

Ahora, ¿no dice mucho más la misma oración, al ilustrarnos de qué manera juega Joe?

Esta ilustrativa "varilla" se divide en adverbios de lugar, de modo, de número y de tiempo. Aunque muchos autores encuentran varias categorías más, prefiero reunirlas en una sola de "adverbios variados".

Adverbios de lugar

Estos adverbios indican la ubicación o localización de algo. Los adverbios de lugar más usados en inglés son: **here, there, in, on, anywhere, around, above, behind, far, out** y **below.**

Dos de ellos, **in** y **on,** también se usan como adverbios de tiempo, aunque ahora los usaremos para expresar un lugar o posición. Esto es otro ejemplo más de palabras en inglés con más de un significado, lo que también es una señal de que el inglés no es tan reglamentado como el español y que el uso, costumbre y práctica del mismo le darán la confianza para usarlo adecuadamente.

Los más frecuentes son **here** y **there:**

Here *jíar* Aquí (o acá)

Here is my Bible	I love living here
Jíar is mái báibel	*Ái la-v livin-g jíar*
Aquí está mi Biblia	Me encanta vivir aquí

There *déa-r* Allí (o allá)

(Además de significar "allí", como adverbio de lugar, **there** se usa también como pronombre al principio de una oración. Ejemplo:

There is a copayment for the medicine...
Déa-r is éi co-péi-men-t for da mé-di-cin...
Hay un copago por la medicina.

There are our neighbors	Our house is over there
Déa-r ár áuar néi-bors	*Áua-r jáus is ove-r déa-r*
Allí están nuestros vecino	Nuestra casa está más allá

Veamos algunos ejemplos con los otros:

In

It is in front of you	The car is in the garage
It is in front of Ilú-u	*De ca-r is in da gará-ch*
Está al frente de ti	El carro está en el garage

On

My Bible is on top of the table	Put some onions on my burger
Mái Bái-bel is on top of da téi-bol	*Put som ánions on mái bér-guer*
Mi Biblia está sobre la mesa	Ponga cebollas en mi hamburguesa

Anywhere *éni-uéar* En cualquier lugar

> **Put your bag anywhere**
> *Put llúa-r bag éni-uéar*
> Pon tu bolsa en cualquier lugar

> **I can live anywhere**
> *Ái can lí-v éni-uéar*
> Yo puedo vivir en cualquier lugar

Around *aráun-d* Alrededor de, por aquí o allá, cerca de

> **The museum is around here**
> *De miú-siúm is aráun-d jíar*
> El museo está por aquí cerca (alrededor de este barrio)

> **The market is just around the corner**
> *De már-ket is yós-t aráun-d da cor-ner*
> El mercado está justo doblando la esquina

Above *abóuv* Sobre

> **The microwave oven is above the range.**
> *Da máicro-uéiv óuven is abóuv da réinch*
> El horno de microondas está sobre la estufa

> **She lives in a floor above mine**
> *Shí lívs in ei flóar abóuv máin*
> Ella vive en un piso sobre el mío

Behind *bijáin* Detrás

> **My house is behind the gas station**
> *Mái jáus is bijáin da gas s-téichon*
> Mi casa está detrás de la gasolinera

> **He is getting behind in his studies**
> *Jí is gué-tin bijáin in jís s-tódis*
> Él se está quedando atrás en sus estudios

Far *far* Lejos

> **The church is not very far**
> *Da chérch is nat veri far*
> La iglesia no está muy lejos

Out *áut* Fuera

> **My son went out**
> *Mái son uén-t áut*
> Mi hijo salió

Below *bílou* Debajo

> **Your apartment is the one below Susan's**
> *Llúar apárt-ment is de uán bílou Susan's*
> Tu apartamento es el que está debajo del de Susana

Adverbio de modo

Los adverbios de modo nos dicen "cómo" sucedió algo, o cómo está sucediendo, o cómo va a suceder. En otras palabras, de qué modo ese algo se está comportando, se comportó o se va a comportar.

De la misma manera que en español convertimos en adverbios muchos adjetivos con solo añadir la terminación "mente", en inglés conseguimos el adverbio añadiendo la terminación "**ly**" al adjetivo.

Ejemplos:

Slow	*s-lóu*	Lento
Slowly	*s-lóuli*	Lentamente
Happy	*jápi*	Feliz
Happily	*jápili*	Felizmente
Bad	*bád*	Malo o mala
Badly	*bádli*	Malamente
Quick	*kuí-k*	Rápido
Quickly	*kuí-kli*	Rápidamente
Strong	*s-tróng*	Fuerte
Strongly	*s-tróng-li*	Fuertemente
Delicate	*déliqueit*	Delicado o delicada
Delicately	*déliquetli*	Delicadamente

Adverbios de número

Estos son muy fáciles de aprender y no requieren memorizarlos mucho. Nos indican la posición de algo relativo a otra cosa, pero muy vagamente, y solo requieren que también le añadamos el sufijo "**ly**" a la palabra, usualmente un número.

Ejemplos:

Fourth	*fóu-rth*	Cuarto
Fourthly	*fóu-rthly*	Más o menos en cuarto lugar
Second	*sécond*	Segundo
Secondly	*sécond-ly*	Segundamente (en segundo lugar)

Adverbios de tiempo

Estos adverbios nos señalan el paso del tiempo o el tiempo mismo. Y como todo lo que se refiere al tiempo es de una importancia enorme para los estadounidenses, debe igualmente ser importante de estudiar para quien desee perfeccionar su conocimiento de este idioma. Veamos.

Always *ol-uéis* Siempre
God is always there for you
Gád is ol-uéis déa-r far llú
Dios está siempre contigo

Never *néve-r* Nunca
You should never tell a lie
Llú shú-d néve-r tel a lái
(Tú) Nunca debes decir una mentira

Often *áfen* Frecuentemente
Lucy often goes to volleyball games
Luci áfen góu-s tu vóli-ból guéims
Lucy va con frecuencia a los juegos de vóleibol

Sometimes *Sám-táim-s* Algunas veces, a veces
Sometimes it rains in the afternoon
Sám-táim-s it réin-s in da after-nú-un
Algunas veces llueve por la tarde

Again *A-guéi-n* Otra vez
Billy did it again
Bí-li di-d it a-guéi-n
Billy lo hizo otra vez

Now *Náo* Ahora
You should repent now
Llú shú-d ri-pén-t náo
Debes arrepentirte ahora

Soon *S-sú-un* Pronto
It will be Christmas soon
It uí-l bí Kri-s-ma-s s-sú-un
Pronto será Navidad

Later *Léi-ra* Más tarde
Carmen will come visit later
Carmen uí-l cóm visit léi-ra
Carmen vendrá de visita más tarde

Immediatly *Im-mí-diet-li* Inmediatamente
Tell Luzmari to come immediatly
Tél Luzmari tu cóm im-mí-diet-li
Dile a Luzmari que venga inmediatamente

Already *Ol-rédi* Ya
   I finished my homework already
   Ai fi-nish-t mái jóum-uérk ól-rédi
   (Yo) Terminé mi tarea escolar ya

Afterward *Af-ter-uár-d* Después
   She can go play afterward
   Shí ken góu pléi af-ter-uár-d
   Ella puede ir a jugar después

At last *at lás-t* Al fin, por fin
   Richard came to church at last
   Rí-char-d kéi-m tu chérch at last
   Ricardo vino a la iglesia por fin

Once *Uán-z* Una vez
   I told you once not to do it
   Ai tóul-d llú uán-s nat tu du it
   Te dije una vez que no lo hagas

¿Recuerda usted cómo empezaban las historias en los libros de cuentos o de hadas, de nuestra infancia? Casi todos comenzaban con la frase: "Había una vez..." Pues en inglés, esa tradicional frase se escribe usando "**Once**" ... **Once upon a time** *Uán-s o-pón e táim*, que en un inglés un poquitín más antiguo que el actual quería decir: "Una vez sobre el tiempo", para indicar que algo había pasado hacía ya mucho tiempo.

Adverbios variados

Este es mi bazar de adverbios. Aquí reúno todos aquellos que no caben en las categorías descritas anteriormente, porque el propósito de nuestro sistema es simplificar el inglés y si nos pusiéramos a definir categoría por categoría, no acabaríamos nunca dado que los autores son los primeros en no ponerse de acuerdo.

Carefully *Kéa-r-fuli* Cuidadosamente
   Nereida combs her hair carefully
   Nereida cámb-s jér jéa-r kéa-r-fuli
   Nereida peina su pelo cuidadosamente

Almost *Ol-móus-t* Casi
   It's almost 10 o'clock
   It-s ol-móus- ten a-clák
   Son casi las diez

Very *Véri* Muy
> This chapter is very important
> *Dís cháp-ter is véri impór-tan-t*
> Este capítulo es muy importante

Completely *Cám-pli-tli* Completamente
> The flood covered the houses completely
> *Da fló-od cáverd-d da jáuses cám-pli-tli*
> La inundación cubrió las casas completamente

Nearly *Ní-arli* Casi (de cercanamente)
> The ball nearly hits me
> *Da ból ní-arli jít-s mi*
> La bola casi me golpea

When *Uén* Cuando
> I'll see you when I get there
> *Ai-l sí llú uén ái get déar*
> Te veré cuando llegue allí (o allá)

Where *Uéa-r* Donde
> Sit where I can see you
> *Sít uéa-r ái ken sí llú*
> Siéntate donde te pueda ver

How *Jáo* Como
> And this is how you make the magic trick
> *An-d dís is jáo llú méi-k da máyik trík*
> Y así es como se hace el truco de magia

Algunas curiosidades de los adverbios en inglés

When, where y **how** para preguntar.

Observe el lector como estos tres últimos adverbios que se pudieran catalogar como de tiempo (**when**); lugar (**where**) o modo (**how**) se usan también para construir oraciones interrogativas:

When?
> When are you coming to church?
> *Uén ar llú cámin-g tu chérch?*
> ¿Cuándo vienes a la iglesia? ¿Cuándo viene a la iglesia?

Where?
> Where do you live?
> *Uéa-r du llú lí-v?*
> ¿Dónde vives? (¿Dónde vive usted?)

How?

> **How can you jump so high?**
> *Jáo can llú llóm-p sou jái-g?*
> ¿Cómo puedes saltar tan alto?

Hard y hardly

Unas páginas atrás aprendimos que para construir un adverbio de modo o de número, añadimos el sufijo "**ly**" a un adjetivo. Sin embargo, el adjetivo **hard** *jár-d* que significa "duro" o "difícil" adquiere un significado diametralmente opuesto al añadirle "**ly**" y convertirlo en adverbio, pues cambia a significar "apenas" o "casi nada"

Hard *(jár-d)* Duro o difícil

> **This is a hard lesson to study**
> *Dis is ei jár-d lé-son tu s-tódi*
> Esta es una lección difícil (o dura) de estudiar

Hardly *(jár-dli)* Apenas o casi nada

> **Grandma hardly ate her dinner**
> *Gran-d Ma jár-dli éit jer dí-ner*
> Abuela apenas comió su cena

Late y Lately

Lo mismo sucede con las palabras **late y lately**

Late es un adjetivo que significa "tarde" en materia de tiempo. Pero al añadirle "**ly**" y convertirlo en adverbio, da un giro sorprendente y cambia su significado a "recientemente".

Late *(Léi-t)* Tarde

> **It's getting late to go to church**
> *Its guérin-g léi-t tu góu tu chérch*
> Se está haciendo tarde para ir a la iglesia

Lately *Léi-tli* Recientemente

> **Gritzca is cooking very good lately**
> *Gritzca is kú-king veri gúd léi-tli*
> Gritzca está cocinando muy bien recientemente

Good y well

Es rara la persona que no sepa que el adjetivo **good** significa "bueno". Y su opuesto es el adjetivo **bad**, que significa "malo". En los adverbios de modo, vimos que añadiendo "**ly**" a **bad**, conseguimos el adverbio de modo **badly**, que significa "malamente". Entonces, por lógica, el adverbio de **good** debería ser "**goodly**". Pues se equivoca. No existe. En su lugar se usa el superlativo "**very well**" (muy bueno). No me mire a mí… son rarezas del idioma.

Good *gú-ud* Bueno

> Your driving is good
> *Llúa-r drái-ving is gú-ud*
> Su manera de manejar (guiar) es buena

Very well *veri uél-l* Muy bueno o Muy bien

> You drive very well
> *Llú drái-v veri uél-l*
> Usted maneja (guía) muy bien

Too y very
La diferencia entre **too** y **very** (demasiado y muy)

Too y **very** son dos adverbios que muchas veces se usan en una misma situación. Pero no vaya tan rápido. Existe una pequeña diferencia entre ellas (esto se estudió en el primer libro, pero sería negligente si no lo vuelvo a mencionar para beneficio de quienes no lo leyeron… y para repaso de los que lo leyeron).

Too (demasiado) se usa cuando queremos señalar que hay un exceso o se produjo algo que causó algún problema (**I drank too much soda**, o **It is too hot**). Ambas son situaciones que reflejan un problema.

Very (muy) se usa también a veces para expresar "demasiado" (en adición a su usual significado de "muy") pero, por lo regular, es un "demasiado" que no causa malestar o problema alguno (**You look very happy, God loves us very much**).
Así que recuerde: **Too** = problema. **Very** = no hay problema.

Prenda el turbo adverbial
Es posible hacer que un adverbio ayude a otro a tener más fuerza. Es como prender el turbo en el motor de un auto de carreras ya que duplica el poder de la oración. Hay dos adverbios en especial que se usan para lograr esa doble fuerza (y si usted se fija, ya empleamos uno en un ejemplo anterior). Esos adverbios son **very** y **really**.
Veamos:

Very y really

Very *(veri)* Muy

Magaly sings very well
Magali sing-s veri uél-l
Magaly canta muy bien

En este ejemplo, el adverbio **very** modifica y refuerza al adverbio **well** porque la oración nos dice que Magaly, no solo canta bien, sino que canta muy bien.

Really *(rí-ili)* Realmente

Tommy was behaving really badly
Tó-mi uás bí-jéiv-ing -s rí-li bad-li
Tommy se estaba comportando realmente mal

Aquí el adverbio **really** modifica tanto al verbo **behaves** *bijéivs-s* como al adverbio **badly**, al reforzar la mala manera en que Tommy se estaba comportando. No solo **bad** e inclusive **badly**, sino realmente **badly**. Obviamente, Tommy salió de allí con un castigo.

Comparativos y superlativos

En el capítulo de los adjetivos ya vimos que en la vida, inevitablemente hay que comparar algo con otra cosa. Así somos los humanos (y muchas veces esas comparaciones nos meten en problemas). Y vimos que hay adjetivos que comparan y maximizan. Igualmente sucede con los adverbios. Por eso, debemos estudiarlos con mayor atención para saber cuál es la palabra apropiada a usar según queramos comparar algo con otra cosa o expresar que su importancia es mayor que otra.

ADVERBIO	COMPARATIVO	SUPERLATIVO
Well *(uél)* Bien	Better *(bérer)* Mejor	Best *(bés-t)* Mejor
Badly *(bádli)* Pobremente	Worse *(uér-s)* Peor	Worst *(uérst-t)* El peor
Little *(lír-el)* Poco	Less *(lés-s)* Menos	Least *(líst-t)* El menor
Much *(móch)* Mucho	More *(móar)* Más	Most *(móus-t)* El que más

Estas frases contienen adjetivos (subrayados) en modo comparativo o superlativo. En la raya a la derecha, escriba COMP si es comparativo o escriba SUP, si es superlativo.

1. Mark is the <u>best</u> cook in the family _____
   Mark is da bes-t kú-k in da fámili
   Mark es el mejor cocinero de la familia

2. Frankie's dog is <u>smaller</u> than Tessie's _____
   Frán-kis dag is s-móler dan Tessi-s
   El perro de Frankie es más pequeño que el de Tessie

3. Nicole is <u>taller</u> than Gabriela _____
   Nicól is tóle-r dan Gabriela
   Nicole es más alta que Gabriela

4. Jose is the <u>best</u> runner in the team _____
   Jou-se is da bes-t ró-nar in da tí-m
   José es el mejor corredor en el equipo

5. That is the <u>least</u> of his problems _____
   Dat is da líst-t of jís prá-blem-s
   Ese es el menor de sus problemas

Identifique el adverbio en estas oraciones y subráyelo

6. Dinner is almost ready *Dí-ner is ól-mous-t rédi*
   La cena está casi lista

7. I can read very fast *Ai ken rí-id véri fas-t*
   Yo puedo leer muy rápido

8. Grandma almost fells down *Gran-d-ma ól-mous-t fél-s dáo-n*
   Abuela por poco se cae

9. Carmen really loves God *Carmen rí-i-li láv-s Gád*
   Carmen realmente ama a Dios

10. Jesus' word shines brightly *Yí-sus uér-d sháin-s bráit-li*
    La palabra de Jesús destella con brillo

*Mientras tanto, Sísara había huido a pie hasta la carpa de Jael, la
esposa de Héber el quenita, pues había buenas relaciones entre
Jabín, rey de Jazor, y el clan de Héber el quenita.*

—Jueces 4:17

*Sisera, however, fled on foot to the tent of Jael, the wife of Heber
the Kenite, because there were friendly relations between Jabin
king of Hazor and the clan of Heber the Kenite.*

—Judges 4:17

En este capítulo es que se nota la diferencia real entre este libro y el
primero. En aquel, no estudiamos las preposiciones como tal ya que se
parecen tanto a los adverbios, que para lograr un habla más rápido del
idioma, los pasamos por alto dejando que los adverbios hicieran el trabajo. Pero… un estudio más profundo de la gramática inglesa, como
es este libro, tiene obligatoriamente que señalar y enseñar la función
de las preposiciones en nuestro diario hablar. Y créame… son una
importante piedra en nuestra pirámide de la correcta forma de *hablar*.

¿Qué son?

¿Qué es una preposición? Yo pudiera darles la descripción oficial:
"Una preposición es una palabra, o un grupo de palabras, que se colocan
delante de un sujeto o sustantivo, sea nombre o pronombre, para enseñar
una relación existente entre este y otras partes de la oración".

Y usted va a mover la cabeza de arriba a abajo y va a preguntarse
a sí mismo: "¿Qué dijo este hombre?". De manera que mejor le doy un
ejemplo, pero recuerde, la preposición enseña la relación entre ciertas
palabras a las cuales conecta. Veamos.

Si yo digo: **I am going New York** *ái am gó-ing Niú-Llor-k*

Estaría diciendo: Yo estoy yendo New York.

Además de parecer que estoy hablando en "indigenoide cinemato-
gráfico" (sin especificar raza u origen para no discriminar a nadie), se
aprecia que falta algo en esa oración. Para completarla y expresarla en
inglés correcto, yo estoy obligado a decir:

I am going <u>to</u> New York
Ái am gó-ing tu Niú-Llor-k
Yo estoy yendo a New York

Ese **to** es la preposición porque une al pronombre **I** y el verbo went con el sustantivo **New York**. ¿Se dan cuenta de su importancia y cuál es su función?

Y ciertamente muchos adverbios también se usan como preposición… y muchas preposiciones se usan como adverbios.

<u>Otro ejemplo</u>:

The bank opens at 9:00 a.m.
Da ban-k óu-pen-s at nái-n éi ém
El banco abre a las 9:00 a.m.

¿Reconoce usted la preposición en esta oración? Es la palabra **at** *at* (a las) y sirve para demostrarnos que existe una relación entre el banco y las nueve de la mañana.

Los autores gramáticales más serios expresan que la(s) palabra(s) que aparece(n) antes de la preposición se llama(n) "antecedente" de ella(s), y la palabra, o palabras, que aparece(n) después de la preposición se llama(n) "sujeto".

Preposiciones de dirección o movimiento

Al igual que los adverbios, las preposiciones se subdividen en categorías. Ellas son:
* Dirección o movimiento
* Lugar (o ubicación)
* Tiempo

Veamos algunos ejemplos:

Dirección o movimiento

Las más frecuentes son: **to, into** y **out of**

Gloria is moving <u>to</u> Ocala
Gloria is mú-ving tu Ocala
Gloria se está mudando a Ocala

Como se puede apreciar, ese **to** relaciona a Gloria con Ocala y a la vez implica cierta dirección o movimiento. Lo mismo sucede con:

Jim is walking <u>into</u> the closet
Yím is uóking intu da clá-set
Jim está entrando (caminando) dentro del clóset

Julia is driving <u>out of</u> her garage
Yu-lia is drái-ving áut of jer garách
Julia está manejando hacia afuera de su garage

Si usted quisiese estar seguro o segura de cuál es la preposición en una oración, pregúntele a la misma oración con un: **Where to?** *uéar tú?* (¿Hacia dónde?).

Where to is Jim walking?
Uéar tu is Yim uóking?
¿Hacia dónde está caminando Jim?

Y la oración le contestará: **Into the closet.** Donde la palabra **into** es la preposición porque relaciona a Jim con el clóset.

Preposiciones de lugar o ubicación

Aunque hay muchas más, las preposiciones más frecuentes de lugar o ubicación son: **In, across, next to, on top of** y **under.** Tenga cuidado, "lugar o ubicación" puede referirse a un lugar, como una casa, edificio, ciudad, etc., pero también a la superficie de algo, como una mesa, un estante, etc.

In se emplea cuando el sustantivo o sujeto está dentro de algo, aunque la palabras **within** *ui-zín* e **inside of** *in-sái-d af*, también significan "dentro de", pero no se usan tanto.

The meeting is <u>in</u> the church
Da mí-rin is in da chérch
La reunión es en la iglesia

My house is <u>across</u> the street from the school
Mái jáus is across da strít fram da s-kúl
Mi casa está al cruzar la calle de la escuela

Your Bible is <u>next</u> to the flower vase
Llúar Bái-bel is nex-t tu da fláua-r véi-s
Tu Biblia está al lado del florero (o jarrón de flores)

Grandpa's glasses are on <u>top</u> of the table
Gran-d Pa-s gláses ar on tap of da téibol
Las gafas de abuelo están sobre la mesa

The shoes are <u>under</u> the bed
Da shú-us ar onde-r da be-d
Los zapatos están debajo de la cama

Al igual que hicimos con las preposiciones de dirección o movimiento, si queremos saber cuál es la preposición de lugar en una frase, solo tenemos que preguntarle **where?** *uéar* (¿dónde) a ella misma.

Where is the meeting?
Where is my house?
Where is your Bible?

Y la propia frase u oración le dirán dónde… y, por ende, cuál es la preposición que relaciona a ambas partes de la oración.

Preposiciones de tiempo

Hay tres principales preposiciones de tiempo: **at, in** y **on.** Uno de los dos ejemplos con los que comenzamos este capítulo era **at,** que en términos de tiempo significa "a". **In** significa "en", y **on** significa "sobre" o "en".

Para estas tres preposiciones hay ciertas reglas de uso que podemos tener en cuenta.

1) **At** se usa para expresar un acontecimiento o suceso que ocurre en un momento exacto del tiempo y el tiempo o la hora en un reloj.

The school opens at 7:00 a.m.
Da s-kú-l óupen-s at séven éi em
La escuela abre a las 7:00 a.m.

The store is closed at night
Da s-tóa-r is clóus-t at nái-t
La tienda está cerrada en la noche (o de noche)

2) **In** se usa con los meses, la mañana (**the morning**), la tarde (**the afternoon**) y la noche temprana (**the evening**)

We are going to the zoo in the afternoon
Uí ar góing tu da zú in da after-nún
Nosotros vamos a ir al zoológico en la tarde

Frankie's birthday is in June
Frán-kis bérz-déi is in Yún.
El cumpleaños de Frankie es en junio

3) **On** se usa con los días festivos, los días de la semana o el fin de semana

The bakery is closed <u>on</u> Sundays
De béikeri is clóus-t an són-deis
La panadería está cerrada los domingos

The egg hunt is <u>on</u> Easter
Da eg jón-t is an ís-ter
La cacería (búsqueda) de huevos es en Easter (Pascua Florida)

Para identificar las preposiciones de tiempo usa la pregunta: **When?** *Uén?* (¿Cuándo?) en la oración.

When is Frankie's birthday?
When is the egg hunt?
When are we going to the zoo?

Preposiciones más usadas
(Por orden alfabético)

Across	*acró-s*	En frente de (una calle o superficie)
After	*af-te-r*	Después de
At	*at*	A (o a las)
Before	*bifóa-r*	Antes
Behind	*bijáin-d*	Detrás
For	*for*	Por
From	*fram*	De (proveniente de)
In	*in*	En
Inside	*nsái-d*	Adentro
Into	*intu*	Hacia adentro
Near	*nía-r*	Cerca
Next	*néx-t*	Próximo
Of	*of*	De
Off	*of-f*	Fuera de (tiempo), apagado.
On	*on*	Sobre
Out of	*Au-t*	Fuera de (lugar)
Over	*Oú-ver*	Sobre (ubicación)
To	*Tu*	A o hacia

Palabras que sirven tanto de preposición como de adverbio

Al principio de este capítulo les expliqué que las preposiciones y los adverbios se parecen tanto que fue una de las razones por las que se enseñan juntas en el primer libro. Ahora que las estamos estudiando más a fondo vamos a tener que confrontar una realidad del idioma inglés que hemos visto en otros capítulos. Hay palabras que tienen un uso doble.

Y hay otras que se usan tanto como preposición como adverbio.

Si estudió bien los capítulos anteriores, debe saber que los adverbios modifican al verbo y que las preposiciones señalan una relación entre dos partes de la oración. Eso nos debe servir para identificar cuando una palabra se usa para una función o la otra.

Veamos:

Kay sat next to Bill	**You go next**
Kéi sa-at next-t tu Bill	*Llú góu bi-jáin-d*
Kay se sentó al lado de Bill	Tú (usted) vas próximo

En la primera oración **next** aparece como preposición porque enseña una relación entre donde están sentados Kay y Bill, sin embargo, en la segunda frase, **next** se está usando como un adverbio dado que está sirviendo para modificar el verbo **go**. No solo se le dice a alguien (**You**) que vaya (**go**)... se le está diciendo que es el siguiente que va (**go next**).

Otros ejemplos:

Alex walks <u>around</u> the car	**Alex walks <u>around</u>**
Alex uók-s aráun-d da car	*Alex uók-s aráun-d*
Alex camina alrededor del carro	Alex camina por ahí (o en círculos, sin destino fijo)
Camille sat <u>on</u> a chair	**Oh, come <u>on</u>!**
Camille sat on e chéa-r	*Ou, cám on!*
Camille se sentó en una silla	¡Oh, ven acá!
Esther went <u>out</u> the room	**The lights went <u>out</u>**
Ester uén-t áu-t da rúm	*Da láit-s uén-t áu-t*
Ester salió de la habitación	Las luces se apagaron

Entre usted y yo, le voy a dar una clave secreta (y no es de Da-Vinci) para identificar a la preposición. Las preposiciones casi siempre tienen un objeto o un sustantivo detrás. Es como si la preposición fuese la "dueña" de algo (casi siempre objetos). Mire las oraciones de arriba y observará lo que le digo.

Como preposición, **on** es la dueña de una **chair** y **out** es la dueña de un **room,** los dos objetos o cosas que les siguen.

En cambio, los adverbios casi nunca "son dueños de nada" que va detrás de ellos.

En el ejemplo de arriba, **on**, esta palabra como adverbio se conforma con modificar al verbo **to come**, y **out** se limita a modificar a **went** (pasado de **to go**), pero no son dueños de nada.

Pero recuerde, que se quede entre usted y yo.

Cómo usar las preposiciones más frecuentes que estudiamos en este capítulo, que aquí repetimos para su comodidad, llene el espacio en blanco en cada oración con la preposición más apropiada.

Across	*acró-s*	En frente de (una calle o superficie)	Into	*intu*	Hacia adentro
After	*af-te-r*	Después de	Near	*nía-r*	Cerca
At	*at*	A (o a las)	Next	*néx-t*	Próximo
Before	*bifóa-r*	Antes	Of	*of*	De
Behind	*bijáin-d*	Detrás	Off	*of-f*	Fuera de (tiempo)
For	*for*	Por	On	*on*	Sobre
From	*fram*	De (proveniente de)	Out of	*Au-t*	Fuera de (lugar)
In	*in*	En	Over	*Oú-ver*	Sobre (ubicación)
Inside	*insái-d*	Adentro	To	*Tu*	A o hacia

I. He is _____ the others in his notes at school.

   Jí is _____ de ó-der-s in jis nóut-s at s-kú-l

   Él está _____ de los otros en sus notas escolares

2. The socks are _____ the drawer

   Da sók-s ar _____ da dró-er

   Las medias están _____ de la gaveta

3. Mary lives _____ the street

   Méri lív-s _____ da s-trí-t

   Mary vive _____ de la calle

4. The car is parked _____ the church

   Da car is park-t _____ da chérch

   El auto está estacionado _____ de la iglesia

5. We'll go to the café _____ the service

   Uí-l góu tu de café _____ da ser-viz

   Iremos al café _____ del servicio

Subraye las preposiciones en las oraciones que siguen

6. The bird flies over the lake

   Da bér-d flái-s o-var da léi-k

   El pájaro vuela sobre el lago

7. **Yolanda walks to church every Sunday**
   Yolanda uók-s tu chérch evri Són-dei
   Yolanda camina a la iglesia cada domingo

8. **The ball went over the fence**
   De ból uén-t ó-var da fén-z
   La bola se fue por encima de la cerca

9. **The spoon is in the bowl**
   Da s-pún is in de bó-ul
   La cuchara está en el platón hondo

10. **The glasses are on the table**
    De gláse-s ar on da téibol
    Los espejuelos están sobre la mesa

Escriba si la preposición (subrayada) en cada oración es de dirección o movimiento; lugar o ubicación; o tiempo. Escriba **dom**, **lou** o **t**, según el caso, en el espacio provisto a la derecha.

11. **The bakery is closed _at_ night** _____
    Da béi-keri is clóus-t at nái-t
    La panadería está cerrada en la noche (o de noche)

12. **Luis is moving _to_ Texas** _____
    Luis is mú-ving tu Téxa-s
    Luis se está mudando a Texas

13. **The service starts _at_ 8:00 a.m.** _____
    Da sér-viz s-tart-s at éit éi em
    El servicio empieza a las 8:00 a.m.

14. **The Pastor is _in_ the church** _____
    De Pas-ter is in da chérch
    El pastor está en la iglesia

15. **The toys are _under_ the bed** _____
    Da tói-s ar onde-r da be-d
    Los juguetes están debajo de la cama

En aquellos días la tribu de Judá se unirá al pueblo de Israel, y juntos vendrán del país del norte, a la tierra que di como herencia a sus antepasados.

—Jeremías 3:18

In those days the house of Judah will join the house of Israel, and together they will come from a northern land to the land I gave your forefathers as an inheritance.

—Jeremiah 3:18

Con las conjunciones estamos ya dejando atrás las piedras más importantes de la construcción de nuestra pirámide, o los carros principales del tren del *habla* y estamos entrando en lo que en construcción se llama "terminación" o piedras más decorativas. Es decir los detalles finales. Pero, y es un pero muy grande, no hay obra terminada sin que se haya aplicado la fase decorativa. Y esto es lo que le da a las conjunciones categoría de piedra importante también.

¿Qué es una conjunción? (**conjunction** *can-yok-chen*)

Las conjunciones son palabras, o grupo de palabras, que unen o conectan otras palabras o grupos de palabras, usualmente del mismo tipo, dentro de la misma oración.

And y or

Comencemos los ejemplos usando las dos conjunciones más usadas, **and** y **or.**

And *an-d* "y"... expresa una suma, una adición.

Or *o-r* "o"... expresa una posible selección

Veamos su función con estas dos oraciones separadas:

Isabela is going to church	Gabriela is going to church
Isabela is gó-ing tu chérch	*Gabriela is gó-ing tu chérch*
Isabela va a ir a la iglesia	Gabriela va a ir a la iglesia

Si usamos la conjunción **and** podemos unir ambas oraciones en una sola:

Isabela <u>and</u> Gabriela are going to church
Isabela an-d Gabriela ar gó-ing tu chérch
Isabela y Gabriela van a ir a la iglesia (o están yendo a la iglesia)

¿No es más fácil que decir las dos oraciones por separado?

Note el lector que al unir los dos nombres pasamos de una a dos personas, por lo tanto entramos a un plural, por lo que tenemos que usar el plural de **is** que es **are**.

And

El ejemplo también nos sirvió para demostrar que **and** suma, añade.

Veamos otro, añadiendo **and:**

In Florida the weather is hot	**In Texas the weather is hot**
In Fla-ri-da da ué-dar is ját	*In Texa-s da ué-dar is ját*
En la Florida el clima es caluroso	En Texas el clima es caluroso

O mejor:

In Florida <u>and</u> Texas the weather is hot
In Fla-ri-da an-d Texa-s da ué-dar is ját
En Florida y Texas el clima es caluroso

Or

Con **or** todo cambia porque ya dijimos que es una conjunción que se usa para dar a escoger o seleccionar entre dos cosas.

Are you moving to Florida?	**Are you moving to Texas?**
Ar llú mú-ving tu Fla-ri-da?	*Ar llú mú-ving tu Texa-s?*
¿Te estás mudando para Florida?	¿Te estás mudando para Texas?

Vean cómo es más fácil usando **or:**

Are you moving to Florida <u>or</u> Texas?
Ar llú mú-ving tu Fla-ri-da or Texa-s?
¿Te estás mudando para Florida o Texas?

Diferentes tipos de conjunciones

Hay dos clases de conjunciones, las llamadas coordinativas y las subordinadas.

I) <u>Las coordinativas</u>, como indica su nombre, coordinan, es decir que unen dos elementos <u>iguales</u> de la oración. Pueden ser dos suje- tos, dos verbos, etc. Inclusive dos frases dentro de la oración, pero que sean iguales o tengan el mismo valor, de manera que puedan constituir oraciones por sí solas. El mejor modelo de ellas es la conjunción **and** si la usamos como en los ejemplos de arriba, donde unía dos elementos iguales, sustantivos (Gabriela e Isabela; Florida y Texas), que cada uno podía haber usado por sí solo.

Las conjunciones coordinativas se subdividen a su vez en dos tipos, las copulativas y las disyuntivas. ¿En qué se diferencia una de otra?

Copulativa es la conjunción coordinativa que "añade". Su mejor ejemplo es **also.**

He was praised and also rewarded
Ji uós préis-d an-d olsou rí-uárde-d
Él fue celebrado y también recompensado

Disyuntiva es la conjunción coordinativa que une ideas conflictivas entre sí o que muestran un contraste. Ojo, unir ideas conflictivas no quiere decir que está dando dos selecciones a escoger, como sucedía con **or.**

Veamos:

Magaly won't find a job <u>unless</u> she learns English
Magaly uón-t fáin-d ei jáb on-lés shí lérn-s íngli-sh
Magaly no encontrará un trabajo <u>a menos que</u> aprenda inglés

Obviamente, aquí la conjunción conflictiva es **unless** (a menos que) ya que une dos ideas que coinciden... encontrar un trabajo y aprender inglés.

Otras son:

Although	*óldo-u*	Aunque
But	*bót*	pero
However	*jaué-var*	Sin embargo
Nevertheless	*nevar-dales*	a pesar de Sin embargo
Though	*dóu*	Pero / aunque
Unless	*on-lés*	A menos que
Yet	*yet*	Todavía

2) Las conjunciones subordinadas son aquellas que unen una parte "dependiente" de la oración con el elemento más importante de esta. La mejor manera de explicarlo, que parece complicado, es con un ejemplo.

"<u>If</u> everyone demanded peace instead of another television set, then there would be peace" (John Lennon).
"If evri-uán diman-ded píz ins-téd of anáder televishon set, dén déa-r wúd bi píz." (Ján Lé-non)

"Si cada uno demandara paz en vez de otro televisor, entonces habría paz" (John Lennon).

Donde la conjunción subordinada es **if,** que es la más típica de todas.

Este tipo de conjunción tiene varias funciones... y como verán, algunas tienen más de un uso.

Tipos de conjunciones subordinadas, según su uso:

a) Señalan tiempo. Son las que más se utilizan.

As	*as*	Como, tan
As soon as	*as sún as*	Tan pronto como
After	*af-tar*	Después de
Before	*bifó-ar*	Delante, antes
Since	*sín-z*	Desde que
Until	*ón-til*	Hasta que
When	*uén*	Cuando
While	*uái-l*	Mientras que
Whenever	*ué-nevar*	Cuando sea

b) Sugieren una posibilidad que no ha sucedido todavía. Ya vimos una en funciones, **if,** pero también se usa

Provided that	*prou-vái-ded dát*	Con tal que

c) Ofrecen una causa o razón de algo.

As	*as*	Como, tan
Because	*bí-coz*	Porque
Since	*sín-z*	Desde que
That	*dát*	Que

d) Comparan.

Else	*el-z*	Otro, otra
Other	*o-der*	Otro, otra
Otherwise	*oder-uáis*	De otra manera, en cambio
Than	*dan*	Que
Rather	*rá-der*	Preferiblemente

e) Expresan un resultado o un propósito.

In order that	*in or-der dát*	De manera que
So that	*sou-dat*	Así que
That	*dát*	Que
Lest	*lés-t*	A menos

En este momento, usted debe estar preguntándose: "¿Para qué tengo yo que aprenderme tantas reglas y tantas diferencias gramaticales?". Y tiene toda la razón. Nadie va a darle un examen para calificar si sabe cuál es la diferencia entre una conjunción subordinada de tiempo y una de comparación.

Pero… (en inglés aquí debería haber escrito **but** *bót…*) y ese "pero" es una conjunción… soy de la opinión que una persona aprende algo más rápido cuando sabe la razón, el porqué, de ese algo.

Permítanme hacer un aparte. Hace muchos años, cuando vivía en Puerto Rico, conocí a un genio del idioma español. Don Salvador López, persona ya muy mayor. "Don Salva", como era conocido por sus amigos, entre ellos mi padre, y luego yo, era cubano y vivía, ya jubilado desde hacía muchos años en esa bella isla donde había sido director creativo de una importante agencia publicitaria local.

Don Salva tenía tres doctorados universitarios, uno de ellos en idiomas, otro en pedagogía y no recuerdo el tercero. Y es la única persona que he conocido que sostenía largas discusiones literarias, a través de correspondencia escrita, con la Real Academia de la Lengua Española.

Fue Don Salva quien me enseñó algo que jamás olvidaré. Un día me dijo: "¿Sabes por qué se escribe siempre 'm' y no 'n' delante de 'b' y de 'p'?". Le contesté que no, que recordaba que esa era una regla gramatical española que aprendí en la escuela primaria, pero no me acordaba de la regla ni de su por qué. Me contestó: "Olvídate de la regla y observa mis labios. Yo no puedo pronunciar la 'b' ni la 'p', sin cerrar los labios. Y si los tengo que cerrar por obligación, eso convierte cualquier 'n' que yo haya puesto delante de ellas en una 'm', porque para pronunciar la 'm' hay que cerrar también los labios y para pronunciar la 'n', no. Es sencillamente imposible pronunciar 'n' antes de 'b' y 'p', haya regla o no".

Si no me cree, trate de pronunciar "m", "b" o "p" y compruebe la sabiduría de Don Salva. Tanta, que jamás he olvidado la lección.

Mi meta es que usted pueda usar las conjunciones cuando sea necesario, aunque no se acuerde qué tipo de conjunción es, ni cuántas son. Y creo que si las estudia sabiendo cómo y cuándo se usa cada cual, las recordará mejor.

Esto trae a mi mente otra historia. La técnica de aprendizaje preferida mía y la que recomiendo constantemente en mis libros es la repetición y la práctica. Hará tres o cuatro años atrás, en República Dominicana, hice gran amistad con un profesor emérito de la Universidad Autónoma de Santo Domingo, que luego fue subsecretario de educación y cultura de dicho hermano país, el buen amigo Ramón Camacho. A través de él conocí a varios maestros y maestras. Una de ellas, Rufina Espinoza, era profesora universitaria de inglés, por lo que conversé mucho con ella.

La señora Espinoza me contó su historia. "Yo era una estudiante de bachillerato y no sabía ni gota de inglés, sin embargo, me apasionaba este idioma por todas las posibles puertas que me podría abrir", me dijo: "Un empresario amigo de mi padre se compadeció de mí y le dio a este el dinero para que me matriculara en un curso de inglés. Día tras día y noche tras noche yo repetía y repetía, hasta dormirme, lo que había aprendido ese día. No iba al cine, no iba a bailes ni a fiestas. Mi vida era repetir y repetir el inglés. Y ya ve usted. Una cosa me llevó a la otra y ahora enseño ese idioma en la universidad".

¿Ve por lo que insisto tanto en la práctica y en la repetición? Continuemos.

Matrimonios de conjunciones

Hay conjunciones que tienen una pareja inseparable. Se llaman conjunciones correlativas, porque tienen que funcionar en pareja; una sola no dice nada ni significa nada. Y casi todas son conjunciones que ofrecen una opción o una alternativa... pero recordando a Don Salva, eso no tiene importancia, solo el que se aprenda cuáles son esos "matrimonios". Veamos algunos.

Aviso al lector, lo que sigue no es un ejercicio. Los espacios en blanco entre palabras solo están colocados para señalar que ahí pueden ir centenares de palabras. Vea el ejemplo dado en cada caso.

* **As soon as** _____ *as sún as* _____ Tan pronto como _____

    I'll go as soon as I can
    Ái-l góu as sún as ái ken
    Iré tan pronto como pueda

* **Both** _____ **and** _____ *bóu–z* _____ *an–d* _____ Tanto _____ como _____

    Both Sue and Dan are going
    Bóu-s Sú an-d Dan ar góin-g
    Tanto Sue como Dan están yendo

* **Either** _____ **or** _____ *íder* _____ *or* _____ O _____ o _____

Either Sue or Dan is going
Íder Sú or Dan is góin-g
O Sue o Dan va a ir (está yendo)

* **Neither** ____ **nor** ____ *ní-dar* ____ *nor* ___ Ni ____ ni ____

Neither Sue nor Dan are going
Ní-dar Sú nor Dn ar góin-g
Ni Sue ni Dan van a ir (están yendo)

* **Not only** ____ **but also** ____ *nat onli* ___ *bat al-sou* ____ No solo
sino también ____

Not only Sue but also Dan are going
Nat onli Sú bat al-sou Dan ar góin-g
No solo Sue sino también Dan van a ir (están yendo)

Repaso visual de los diferentes tipos de conjunciones

Tenga en cuenta que los ejemplos debajo o al lado de cada tipo no son únicos, cada tipo de conjunción tiene muchas palabras más.

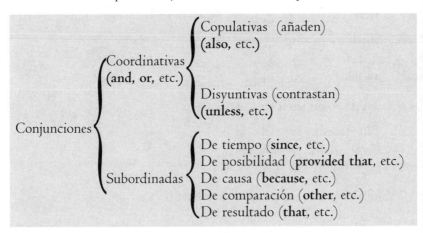

Sin olvidar las correlativas o "de matrimonio":

As soon as _____;
Either _____ or _____;
Neither _____ nor _____, etc.

Complete cada oración usando una de las siguientes conjunciones: "and", "or" o "but".

1. Do you like the red_____the yellow dress?
   Du llú lái-k da red_____da llé-lou drés-s?
   ¿Te gusta el vestido rojo_____el amarillo?

2. Luzmaría wants to read,____Jeremy wants to watch TV
   Luzmaría uát-s tu rí-id,_____ Jeremy uát-s tu uátch tí-ví
   Luzmaría quiere leer,_____ Jeremías quiere ver televisión

3. Pepe likes to write_____ listen to the radio
   Pepe láik-s tu rái-t _____ lí-sen tu da réi-dio
   A Pepe le gusta escribir_____ oír la radio

4. Sylvia _____ Raul go to the same church.
   Sylvia _____ Raul góu tu da séi-m chérch
   Sylvia_____Raúl van a la misma iglesia.

5. She likes to sing _____ to dance.
   Shí láik-s tu sin-g_____ tu dán-z
   A ella le gusta cantar_____ bailar.

Subraye la conjunción en cada oración

6. The curtains are red and pink
   Da ker-téins ar red an-d pin-k
   Las cortinas son rojas y rosadas

7. Jorge likes to eat pizza or hamburgers
   Jorge láik-s tu ít pizza or jám-berguer-s
   A Jorge le gusta comer pizza o hamburguesas

8. Paola has not seen him since last year
   Paola jás nat sí-in jím sin-z las-y llía-r
   Paola no lo ha visto desde el año pasado.

9. It is his fault because he didn't stop.
   It is jís fól-t bicó-z ji díden-t stáp
   Es su culpa porque no se detuvo

10. I don't eat mangoes that are too ripe
   Ai dóun-t ít mán-gou-s dat ar tu-u rái-p
   Yo no como mangos que estén muy maduros

En las siguientes oraciones se están usando conjunciones correlativas. En cada oración haga un círculo alrededor de las dos palabras que constituyen tal conjunción.

11. I'll go as soon as I finish this
   Ai-l góu as sún as ái finish dís
   Iré tan pronto como termine esto

12. Both Jim and Ted are baseball fans
   Bóu-z Yím an-d Ted ar béis-bol fan-s
   Tanto Jim como Ted son fanáticos de la pelota

13. Either Sue or Loise will go for me
   Ider Sú or Loí-s uíl gó far mi
   O Sue, o Loise, irá por mí

14. I like my food neither hot or cold
   Ai lái-k mái fú-ud ní-dar ját norcóul-d
   Me gusta la comida fría o caliente

15. Not only Peter but also Jack are here
   Nat ónli Pírar bat al-sou Yak ar jíar
   No solo Peter sino también Jack, están aquí.

Capítulo 12

LAS INTERJECCIONES O EXCLAMACIONES

Cuando Gedeón se dio cuenta de que se trataba del ángel del Señor, exclamó: —¡Ay de mí, Señor y Dios! ¡He visto al ángel del Señor cara a cara!

—Jueces 6:22

When Gideon realized that it was the angel of the LORD, he exclaimed, "Ah, Sovereign LORD! I have seen the angel of the LORD face to face!"

—Judges 6:22

Las exclamaciones o **interjections** *(inter-jek-chens)* en inglés son el aderezo del idioma. Son el maquillaje teatral que convierte en todo un espectáculo lo que podía haber sido una simple y aburrida oración.

Hay autores y profesores que no las consideran parte de la gramática, pero como buenos latinos, nosotros sabemos mejor que nadie el valor y el sabor que ellas le agregan a cualquier expresión y, de hecho, no podríamos vivir sin ellas. Lo mismo sucede en el idioma que aquí estudiamos.

Lamentablemente, el inglés de la calle se ha ido profanando en exceso, tanto en el uso de palabras soeces como en el de palabras que desecran o mal usan el nombre del Señor, o simplemente palabras mal usadas. Obviamente, no voy a entrar a esos vicios gramaticales ni voy a ayudar a que se propaguen más de lo que ya están, posiblemente envenenando el futuro cultural de nuestra juventud, de manera que me voy a limitar a enseñar en este libro las exclamaciones más usadas del idioma, siempre y cuando pasen por el filtro de la decencia y el respeto a Dios.

¿Qué es una interjección o exclamación?

Una exclamación es una palabra, o grupo de palabras, que interrumpen otras palabras, frases u oraciones, para expresar una emoción fuerte o una sorpresa.

Las exclamaciones se usan, tanto en el idioma hablado como en el escrito de tipo informal. Raramente se emplean en escritos serios o académicos. Su función es llamar la atención y, a veces, dar una orden a otra persona. Son palabras con una fuerza y poder tan grandes que muchas veces constituyen una frase de por sí solas, como **Ouch!** *Áu-ch!* ¡Ay! ...o **Bravo!** *Bra-vou!* ¡Bravo!

¡Un momento, un momento!... ¿qué hace **Bravo!** dentro del idioma inglés? Amigo o amiga, ese es otro ejemplo de la penetración de otros idiomas dentro del inglés. Y ¿cómo si ya los latinos somos la segunda minoría étnica dentro de Estados Unidos, no van a haber palabra nuestras percolando el inglés?

Casi todos los libros o sistemas de aprender inglés señalan que las interjecciones son seguidas de un signo de admiración (!). Y hacen énfasis en que este signo solo se coloca al final de la exclamación y no en sus ambos extremos como hacemos en español (¡!). Esto es muy cierto, pero la mayoría de ellos olvidan que a veces la interjección puede estar seguida de una coma (,) y no de un signo de admiración. Veamos los dos casos.

* El más común (signo de admiración al final):

> <u>Hello!</u> Are you coming over?
> *Je-lóu, ar llú ca-ming óu-var?*
> ¡Hola!, ¿van ustedes a venir?

> <u>Nonsense!</u> The evolution theory is nonsense!
> *Nán-senz, da evo-lu-chen zíori is nán-senz!*
> ¡Tonterías, la teoría de la evolución es insensata!

* El menos común (coma después de la interjección):

> <u>Oh, oh,</u> we are going to be late.
> *Óu, óu, uí ar going-g tu bí léi-t*
> Oh, oh, nosotros vamos a estar tarde.

La mejor manera de decidir si debemos usar un signo de admiración o una coma junto a una interjección, es emplear el signo si la interjección es una exclamación que está interrumpiendo el flujo de la oración, y usar una coma si la interjección es parte de la oración.

<u>Veamos una lista de interjecciones.</u> Estoy seguro de que reconocerá muchas y posiblemente las use ahora mismo, aun hablando en español.

Ah!	*Ah!*	¡Ah!
Aha!	*A-ajá!*	¡Anjá!
Attaboy!	*Áta-bói!*	¡Bien hecho!
Away!	*Aué-i!*	¡Aléjate!
Awesome!	*Ó-som!*	¡Impresionante!, ¡Inspirador!
Beware!	*Bi-uéa-r*	¡Cuidado!

Big deal!	Bi-g díe-l	¡Gran cosa! (despectivo)
Bingo!	Bin-góu!	¡En el clavo!
Bravo!	Bra-vou!	¡Bravo! ¡Bueno!
Bye!	Bái!	¡Adiós! (abreviatura de Good Bye)
By golly!	Bái gash!	¡Qué buena sorpresa!
Cheers!	Chí-ers!	¡Salud! (brindis)
Dear me!	Díar mí!	¡Qué mala sorpresa!
Eh!	Eh!	¡Eh!
Get out!	Gué-t áu-t!	¡Fuera de aquí! ¡Vete!
Good heavens!	Gúd jé-ven-s	¡Cielo santo!
Hello!	Jé-lóu!	¡Hola!
Hey!	Jéi!	¡Ey!
Hi!	Jái!	¡Hola!
Holy cow!	Jóli cáo	¡Santa vaca! (dicho de un personaje de televisión)
Hmm!	Jú-umm!	(expresa duda)
Indeed!	In-dí-d!	¡Ciertamente!
Jeez!	Yí-i-z!	(expresa sorpresa)
Look out!	Lúk áu-t!	¡Cuidado! ¡Mira!
Never mind!	Né-var máin-d!	¡No te preocupes!
Oh!	Ou!	¡Oh!
Oh, boy!	O bói!	(expresa sorpresa o preocupación)
Oh well!	O-uél!	¡Pues bien! ¡Ni remedio!
Ouch!	Auch!	¡Ay! (dolor)
Oops!	U-úp-s	¡Me equivoqué!
Watch it!	Uá-chi-t!	¡Cuidado… vigílalo!
Welcome!	Uél-com!	¡Bienvenido!
Wow!	Uá-o!	(sorpresa mayor)
Yes!	Llé-es!	¡Sí… lo logré!
Yo!	Lló-u!	¡Oye! (llamando a otro)
Yummy!	Llómi!	¡Sabroso!

La antigua ¡Alas!

Una de las interjecciones más antiguas del idioma, que se ve con frecuencia en obras de siglos atrás, es **Alas!** ¡Alas!

¡**Alas!** todavía se usa ocasionalmente para expresar tristeza, preocupación, lástima, cansancio emocional, estado depresivo, etc.

Siempre he sospechado que proviene del francés, pero lo único que he podido averiguar es que posiblemente se origina del catalán, ya que en Cataluña existe una región llamada Alas… pero como está tan cerca de Francia… ¡Alas! Me he tenido que conformar.

Interjecciones que lo dicen todo con una sola palabra

Anteriormente les comenté que las interjecciones o expresiones son palabras de tanta fuerza que muchas de ellas expresan toda una oración con solo decir una. Aquí les daré varios ejemplos, y al lado, entre paréntesis, todo lo que ellas quieren decir:

Attaboy!	(¡Te felicito, eso te ha quedado superbien!)
Bingo!	(Acabo de dar en el clavo / Acabo de lograr esto con éxito)
Help !	(¡Auxilio, ayúdenme, estoy en peligro!)
Hi!	(¡Hola! ¿cómo estás / cómo están? / Gusto de verte (de verlos)
Never mind!	(No te preocupes por eso, déjame tranquilo)
Oops!	(¡Ayayay!, metí la pata. Lo siento)
Wow!	(¡Qué bárbaro!, eso está increíble de bueno)

Interjecciones religiosas

Es solo natural que cuando un creyente habla con otros, utilice interjecciones a tono con su tema favorito que es la adoración al Señor... y obviamente, es más natural aun que en todo servicio religioso esas mismas interjecciones sean frecuentemente parte del mismo. Estas son las más usadas:

Amen!	*éi-men!*	¡Amén!
Bless!	*blé-s!*	¡Bendición!
Glory be to the Lord!	*glóri bí tu de Lor-dị*	¡Gloria sea al Señor!
God bless!	*Gá-d blé-s!*	¡Dios te bendiga! (los bendiga)
Godspeed!	*Gád s-pí-d!*	¡Vaya con Dios!
God willing!	*Gád uí-lin!*	¡Si Dios quiere! (o permite)
Hallelujah!	*já-le-lúya!*	¡Alabado sea Dios!
Lord be Praised!	*Lór-d bí préis-d!*	¡Alabado sea el Señor!

Un poco más sobre "Amen!"

En el Nuevo Testamento aparecen cincuenta y dos *amenes* en los evangelios de Marcos, Mateo y Lucas y 25 en el de Juan.

La palabra *amén* es de origen hebreo y significa: "Así sea". Del hebreo pasó al griego, y de este al latín a través de los primeros cristianos romanos y, finalmente, al inglés ya que Roma ocupó las islas británicas por un tiempo.

En hebreo, *amén* proviene de la raíz "aman", en la que la "e" no suena.

Como curiosidad, porque la teoría nunca ha tenido respaldo académico ni credibilidad alguna, algunos teosofistas y esotéricos opinan que *amén* se deriva del nombre del dios egipcio Amun, el cual era escrito a veces como Amén. Esto, repito, no tiene validez alguna.

Ejercicios del capítulo 12

A) Busque la interjección en cada oración y escríbala en la línea de abajo.

1. Dear me! He saw the man hit the other and reported it to the police _____

2. Wow!, I haven't seen you in a long time! _____

3. Oops! I typed the word with a misspell. _____

4. Watch it! Don't touch that skillet! _____

5. God bless! I'll see you tomorrow! _____

6. The poor man was, alas, asking for alms. _____

7. Your photograph was awesome! _____

8. Lord be Praised, she recovered from her illness!

_____

B) Haga un círculo sobre la palabra que sería la interjección adecuada para la oración de arriba

9. _____ ! I am having lunch with a Senator.
   a. Wow   b. Yummy   c. Alas

10. _____ !, was I supposed to pick you up?
    a. Cheers   b. Whoops   c. Attaboy

11. _____ ! Our team made the finals!
    a. Bravo   b. Bother   c. Oops

12. _____ !, that must be painful.
    a. Ouch   b. Yes   c. Amen

13. _____ , the pastor was right!
    a. Welcome   b. Indeed   c. Alas

C) Haga una marca en la respuesta correcta

14. Una interjección es _____.
    a. una exclamación que expresa sentimientos o pensamientos
    b. una palabra sin sentido
    c. lo mismo que un adverbio

15. ¿Cuál de las siguientes interjecciones *no* es una expresión positiva? _____

    a. Awesome   b. Alas   c. Indeed

16. Usted se acaba de dar un martillazo en un dedo. ¿Cuál interjección gritaría? _____

    a. Ouch   b. Amen   c. Cheers.

¿Quién está consciente de sus propios errores? ¡Perdóname aquellos de los que no estoy consciente!

—Salmos 19:12

Who can discern his errors? Forgive my hidden faults.

—Psalm 19:12

Como dice el salmo con que empieza este capítulo, "¿Quién está consciente de sus propios errores?". Errar es de humanos y más si estamos laborando en un idioma que es el nuestro.

El lector no tiene por qué desesperarse si ocasionalmente se equivoca escribiendo —o hablando— alguna palabra en inglés. La mayoría de los estadounidenses se equivocan escribiendo palabras en su propio idioma debido al gradual deterioro de su sistema escolar, y digo esto no como una crítica personal, sino repitiendo lo que sus propios gobernantes reconocen y tratan de corregir, como he mencionado ya en este libro.

De manera que prosiga el lector. Simplemente ponga especial atención a las palabras que aparecen en este capítulo. Sus errores serán menos con el transcurso del tiempo y de su práctica. Y ¡hey!... en este capítulo reconozco que hay una palabra que escribo mal en un ochenta por ciento de las veces que la escribo. ¡Búsquela!

A

acceptable – Como normalmente pensamos en "aceptable" en español, recuerde que en inglés se escribe con dos "c"

accidentally – El caso es igual al anterior.

accommodate – Sucede lo mismo, viene de "acomodar", solo que el caso es peor porque además de la "c"... la "m" también va doble.

amateur – Recuerde que es una palabra de origen francés y necesita la terminación francesa "eur".

apparent – Con esta palabra sucede igual que con "**acceptable**". Vamos a estar pensando en la palabra española "aparente", pero en inglés lleva dos "p".

atheist – Como su traducción es "ateo", la "h" no nos viene a la mente, pero debe venirnos al teclado.

B

believe – Como su pronunciación es *bí-líf* esa "i" al principio tiende a confundirnos y escribir **bilieve,** que no es correcto.

C

cemetery – Ojo, en los cementerios se pueden enterrar muchas cosas, pero en inglés este cementerio enterró la "n".

collectible – Esta palabra viene de "colección" que tiene dos "c" en español, solo que en este caso, la letra que se duplica es la "l".

committed – Esta palabra se relaciona con "compromiso personal", dos palabras sin doble letra en ningún lugar. En cambio, en inglés, se duplica la "m" y la "t".

conscience – Tenemos que recordar que "conciencia" no tiene "s" en ningún lugar, pero en inglés, la lleva además de la "c".

consensus – Aquí, el "consenso" del idioma fue que esta palabra termine en "sus".

colonel - En español significa "coronel" un rango militar, por lo que a veces se nos va esa "r" . Más raro aún es como se pronuncia. Vea la letra "K" más abajo.

D

definite - Se pronuncia "*dé-fi-nit*", pero se escribe con "e" al final.

drunkenness – Ni sobrio ni pasado de tragos, debe olvidar que lleva doble "n" y doble "s".

E

embarrass (ment) – Es muy frecuente pensar que la palabra española "embarazada" (estar encinta) tiene que ver con esta palabra inglesa. Sin embargo, no tiene nada que ver una con la otra. **Embarrass** (con doble "**r**" y doble "**s**") significa estar avergonzado (**"embarrassed"**) o avergonzar (**"to embarrass"**). Embarazada se traduce como **pregnant**.

equipment – Para los anglos esta es una de las palabras más frecuentemente mal escritas. Para nosotros, que pensamos en "equipo" (pero no equipo deportivo, que es "team"), es más fácil recordar que solo tenemos que añadir "**ment**".

exceed – Significa "exceder" y, por tanto, es frecuente que lo escribamos terminando en una "e", que no va.

F

foreign – Significa "foráneo", es decir extranjero, ambas palabras españolas llenas de "aes", pero en inglés, lo foráneo son esas "aes".

G

grateful – Para los anglos, esta palabra ("agradecido") los confunde en su inicio, el cual a veces escriben "**great**". Para nosotros, acostumbrados a que "gracias" empieza con "gra", eso no es un gran problema. Sin embargo, tenemos una tendencia a que toda palabra en inglés que termine en "**ful**", escribirla como "**full**" de "lleno". Y no siempre es así. Este es uno de esos casos.

guarantee – Esta sí que nos da problemas. Significa el verbo "garantizar". Y como tal, no tiene una "u" en ninguna de sus formas castellanas. Pero le garantizo que en inglés si lleva "**u**". Ojo. Esta palabra no debe confundirse con "**warranty**" *uá-ran-ti* que es la traducción de "garantía", pero refiriéndose a la garantía documentada que traen algunos equipos y accesorios.

H

height – La sobredosis de "h's" de la palabra no debe horrorizarnos. Lo que si complica la memoria de su escritura correcta es que ella significa "altura"… pero anchura se escribe "**width**" en inglés, que termina en "th", sin embargo, "altura" termina en "**ht**". De manera que ojo con "**height**" y "**width**". No me mire a mí, no es culpa mía.

humorous – La palabra viene de "humor", que es la misma en español que en inglés, y significaría "humoroso", pero como tal no existe en español. En su lugar usamos "humorístico". Pero lo importante es recordar que entre tantas "oes", en ese inglés tenemos que poner una "u" en "humorous".

I

immediate — Wow (ojo, acabo de escribir una interjección), esta palabra posiblemente sea la que más mal escribimos los latinos en inglés. La culpa inmediata la tiene "inmediatamente" que escribimos en español con "inm" y que en inglés se escribe "imm". ¿Por qué? ¿Recuerda lo que me enseñó "Don Salva", que en español, delante de "b" y "p" se escribe "m' y no "n"? Pues en inglés la regla dice que delante de "**m**", "**b**" y "**p**", se escribe "**m**".

inoculate — En español, "inocular". Pero por alguna razón, muchos latinos tendemos a escribir esta con dos "n", **innoculate**. Y no es correcto.

its/it's — Esta es la reina de las confusiones. No es lo mismo "its" que significa propiedad (**Its front wall** *its frán-t uól* Su pared frontal), que "it's", que es la abreviatura de "it is" donde "is" es una forma del verbo ser o estar (**It is done** *it is dóun* Está hecho), que abreviado se escribe **It's done**.

J

judgment — Esta es la decisión de un juez. Y juez se escribe **judge**, por lo que es usual escribir mal esta palabra y poner "**judgement**", que no es legalmente correcto. **Judgment** también significa "juicio" o apreciación responsable de cualquier persona (Fulano tiene mal juicio).

K

kernel — Significa "grano" en el caso del trigo o del maíz, o "semilla" en el caso de muchas frutas. Inclusive puede usarse para expresar el núcleo o centro de algo. Pero lo curioso es que su pronunciación "*ker-nel*" es la que se usa si vamos a hablar de un coronel, que se escribe "**colonel**". ¿Quién cambió todas esas "o" y "l" por "k" y "r", de nuevo le digo... no me mire a mí.

L

leisure — Significa ocio o recreación, pero su pronunciación *li-í-chur* nos lleva a que muchas veces la escribamos sin la "e" inicial.

library — Aquí pasa lo contrario. Su pronunciación *lái-bre-ri* tiende a que pongamos la "a" fuera de lugar o que pongamos una "e" que no existe. Y recuerde, **library** no es "librería", es biblioteca. Una "librería" (tienda que vende libros), **es book store**. En la biblioteca no venden los libros, los prestan.

lightning – Esta significa "relámpago" o "iluminación". Pero a veces la confundimos con **"lightening"**, que significa "aclarando" o "aligerando".

M

maintenance – Ya que la palabra viene del verbo "maintain" (mantener) es usual que la escribamos con una que otra "a" de más.

maneuver – Otra palabra en que su pronunciación *ma-niú-var* —donde predomina una "i" pronunciada—, junto a su significado castellano que es "maniobrar" se confabulan para que escribamos una "i" que no existe.

memento – Significa el recuerdo o souvenir de un momento en que pasó algo agradable. Pero hay que escribirla con "e" y no con "o".

momentarily – Su verdadero significado es "instantáneamente" pero ese *"momenta"* dentro de la palabra lo lleva a uno a pensar que no es al instante, sino dentro de un momento, lo cual no es real. Es al instante.

N

neighbor – Se escribe mal con frecuencia porque no estamos acostumbrados a ese "gh" dentro de la palabra, que para colmo de males, "no suena".

O

occasionally – Me veo obligado a confesar que esta palabra es mi enemiga mortal personal. Por alguna razón, "ocasionalmente", que es su traducción sin necesidad de duplicar ninguna letra, escribo una sola "c" y duplico la "s". No me pregunte por qué. Supongo que lo mismo le pasa a otros.

occurrence – Otra palabra en la que hay que vigilar que lleva dos "c" (en español solo lleva una, ocurrencia)... y también que termina en "ence" y no en "ance".

P

pastime – Pasatiempo. Obviamente viene de "past" y de "time", sin embargo, se escribe con una sola "t".

personnel – Significa "personal", pero en referencia a los empleados de una compañía, no a algo de una persona. Por lo tanto es frecuente que aunque la escriban con dos "n", escriban una "a" en lugar de "e" y escriban **personal.**

<u>possession</u> – Una sobredosis de "s".

Q

<u>questionnaire</u> – De origen francés, esta palabra requiere que la aprendamos de memoria.

R

<u>receipt</u> – Significa "recibo" (comprobante de compra), pero esa "p" y esa "t" nos confunden. Lo peor de todo es que se pronuncia muy diferente a como se escribe *(ri-cít)*.

<u>recommend</u> – Bueno, recomendar es fácil, solo que en español solo lleva una "m" y aquí hay que poner dos.

<u>revision</u> – Estamos tan acostumbrados a que todo lo que termina en "ision" en español se escribe "ition" en inglés que muchos se equivocan con esta y escriben "revition". Y no es así… por lo que tienen que someterse a una revisión.

<u>restaurant</u> – En esta de nuevo nos traiciona a veces su pronunciación *rés- to-ran-t* y hay quien la escribe como **restorant**, así que cuidado… es un simple retaurante sin la "e' final.

<u>rhythm</u> – Significa "ritmo" pero es más difícil de escribir en inglés, que bailarlo. Ese "thm" final tiene que ser memorizado.

S

<u>schedule</u> – Simplemente memorícelo y recuerde que no lleva "e" delante de la '**s**".

<u>separate</u> – *(sé-pa-reit)* Significa "separar" no "separado" y tampoco es una orden para que algo o alguien se separe. En química se usa esta palabra para expresar que dos compuestos se segregaron.

<u>sergeant</u> – De nuevo la pronunciación *(sár-yen-t)* y el significado en español (sargento) conspiran para inclinarnos a escribir una "a" al principio. Pero sería incorrecto.

<u>supersede</u> – Lamento informarles que no es una sede gigante. Significa sustituir y a la vez invalidar todo lo anterior. Se pronuncia *su-per-sí-d.*

T

threshold — No quiere decir que "tres" están en "hold" ni aguantando nada. Especialmente porque "**three**" (tres), lleva dos "e" y esta solo una… **Threshold** significa "umbral" (el pie de una puerta) y sí… lleva dos "h". También significa el comienzo de algo.

twelfth — Significa "doceavo" y esa "f" debe aparecer en la pronunciación (*tuél-f*) y en el papel.

tyranny — Significa "tiranía" que no tiene ni una sola "y", pero la gramática inglesa es más tirana todavía y nos obliga a usar dos "y"… y de paso, también dos "n".

U

La "U" nos perdonó y no tiene muchas palabras mal escritas.

V

vacuum — La palabra significa el "vacío" que se produce cuando se le saca el aire a un recipiente. Pero la asociamos al "vacuum cleaner" que es la aspiradora mecánica que se usa para limpiar el piso mediante aspiración. Solo recuerde que lleva dos "u", las cuales no aparecen ni en "vacío" ni en "aspiración".

WXYZ

weird — *uíe-rd* significa raro o extraño. Y aunque se pronuncia de una manera rara y extraña, más rara y extraña es la manera en que se escribe.

*Pero no olviden, queridos hermanos, que para el Señor un día es
como mil años, y mil años como un día.*
—*2 Pedro 3:8*

*But do not forget this one thing, dear friends: With the Lord a day is
like a thousand years, and a thousand years are like a day.*
—*2 Peter 3:8*

El interés por enseñar el idioma inglés de una manera acelerada no
es nada nuevo ni surgió con los llamados sistemas de CD's de audio
y libretas de trabajo. Hasta donde se sabe, se originó en 1930 con el
británico O.K. Ogden, que publicó un libro llamado *Inglés básico*, en
el que el autor mostraba ochocientos cincuenta palabras en inglés que
consideraba las más importantes y necesarias, así como un sistema
de estudio que simplificaba u omitía varias reglas gramaticales y pre-
sentaba otras desarrolladas por él. Su propósito fundamental ha sido
continuado por otros autores después de él.

Perfecciones su inglés con la ayuda de Dios no pretende cambiar ninguna regla gramatical inglesa. Simplemente nos limitamos a enseñar un
atajo en el camino de estudio de este idioma. Y para ello es indispensable un buen vocabulario.

Aquí hemos recogido un total de 1001 palabras que constituyen
un completo inventario idiomático. Además, si en el cuento "Las mil
y una noches", Sherezada salvó su vida con 1001 noches haciendo
historias, estas 1001 palabras le pueden "salvar la vida" a usted de
una situación idiomática difícil si las aprende adecuadamente. No es
difícil. Y es lo más importante que puede hacer por perfeccionar su
conocimiento del inglés.

Un prontuario

Recuerdo que cuando yo estudiaba mis grados primarios, y luego
secundarios, en mi escuela nos daban todos los viernes un papel con
una lista de veinticinco o treinta palabras en español y otra lista con
el mismo número de vocablos en inglés. La escuela les llamaba los

"prontuarios" y al lunes siguiente los profesores nos hacían preguntas sobre ellas para ver si las habíamos memorizado. Así de importante es tener un vocabulario adecuado.

¿Sabe cuál fue el resultado de aquellos "prontuarios" de mi antigua escuela? Pues que mi clase terminó su secundaria hablando muy buen inglés y mejor español. Al momento de escribir estas páginas hace pocas semanas, logré reunirme de nuevo con ocho de mis ex compañeros de aquel colegio habanero a los cuales no veía desde que nos graduamos de secundaria o bachillerato. Después de terminar ese ciclo, el noventa por ciento de nuestra clase abandonó nuestro país por los problemas políticos que en ella ocurrían y cada uno de nosotros pasó momentos difíciles para abrirse paso en tierras lejanas. A pesar de ello, gracias a la educación y al inglés aprendido de aquella manera, los ocho amigos que hemos logrado reunirnos recientemente, décadas después de separarnos por esos "caminos de la vida", somos todos profesionales graduados en diferentes rubros y carreras y exitosos en nuestras respectivas vidas personales. Esa es la diferencia que hace el saber hablar inglés.

Hágase el firme propósito de aprenderse cinco o seis de estas palabras al día, en este, su "prontuario" y casi diccionario personal... y en ciento ochenta días (seis meses) se las sabrá todas. Créame... hay muchos estadounidenses cuyo vocabulario no llega a 1000 palabras. Y usted tendrá 1001.

Muchas de nuestras 1001 palabras aparecían en el listado de Ogden. Muy pocas palabras cambian su significado con el pasar de los años y si eran necesarias para hablar inglés a principio del siglo XX, siguen siendo necesarias hoy, pero el transcurso del tiempo va haciendo obsoletas algunas y creando necesidad por otras. Por ejemplo, **carriage** *ka-rréch* (coche o carruaje) ya no es necesaria, aunque el caballo **horse** *jór-s* que tiraba de ellos, sigue siendo de utilidad al hombre... y **cellular** *cé-lu-lar* (celular) no existía entonces, pero hoy no podemos vivir sin ese telefonito portátil. También, siendo Ogden un ciudadano británico de principios del siglo XX, usaba una terminación típica de la época en su tierra para las palabras terminadas en "or", como **harbor** *jár-bor* (puerto o bahía), que se escribía entonces de una manera algo afrancesada, **harbour,** lo que no se usa ya en Estados Unidos. En nuestras 1001 palabras hemos corregido tales palabras para llevarlas a su uso actual.

De manera que nuestra lista se ha preparado con vistas a las necesidades y costumbres de hoy, pero siempre teniendo en cuenta la intención de limitarnos al mínimo necesario de palabras que permitan al lector poder comunicarse adecuadamente en inglés. Estoy seguro de que después de leerlas, alguien dirá: "Pero tal palabra se pronuncia algo diferente". Es posible que desde un punto de vista estrictamente académico alguna de las palabras tenga una manera diferente de escribir su pronunciación (o de pronunciarse algo distinto en Boston o en Texas), pero la pronunciación que aquí se describe es la callejera, que es la que más abunda en los Estados Unidos. Y si alguno de ustedes pensara: "Pero le falta tal palabra", estoy de acuerdo. Pero hasta Scherazada tuvo que limitarse a 1000 historias.

Aquí están esas 1000 palabras... y una más

NOTA: Recuerde que en las pronunciaciones (aquí puestas según la pronunciación española), en las sílabas "gue" y "gui", la "u" no suena a menos que tenga diéresis (los dos puntitos, "ü"). De manera que si ve algo descrito como "gue" debe pronunciarlo como se dice en la palabra "guerrero", no como se dice en la palabra "guante" o "guajiro".

A

Abandon	*abán-don*	Abandono
Able	*éi-bel*	Listo, capaz
Abnormal	*ab-nór-mal*	Anormal
About	*abá-ut*	Casi, a punto de, cerca de
Accident	*ak-cidén-t*	Accidente
Account	*acáun-t*	Cuenta, motivo de
Across	*akró-s*	A través, enfrente, del otro lado
Act	*ac-t*	Actuar, obrar
Addition	*adí-chen*	Suma, añadidura
Adjustment	*ad-yós-men-t*	Ajuste, adaptación
Advice	*ad-vái-s*	Consejo, asesoramiento
After	*af-tar*	Después
Again	*e-guéi-n*	Otra vez
Against	*e-guéinst-t*	Contra, opuesto
Age	*éich*	Edad
Agent	*éi-llen-t*	Agente
Agreement	*agrí-men-t*	Acuerdo, consentimiento
Aid	*éi-d*	Ayuda, asistencia
Air	*éa-r*	Aire
Alcohol	*álco-jol*	Alcohol
All	*ól*	Todo, toda
Almost	*ól-mous-t*	Casi

Ambition	*am-bí-chen*	Ambición
Among	*a-món-g*	Entre
Amount	*amáun-t*	Cantidad
Amusement	*amiús-men-t*	Diversión, regocijo, distracción
Anchor	*án-kor*	Ancla, presentador principal de noticias en televisión
Angle	*án-guel*	Ángulo, perspectiva
Angry	*án-gri*	Enojado, enfadado
Animal	*áni-mel*	Animal
Ankle	*án-kel*	Tobillo
Answer	*án-ser*	Respuesta
Ant	*án-t*	Hormiga
Any	*éni*	Cualquiera
Ape	*éi-p*	Simio, mono
Apple	*á-pel*	Manzana
Approval	*aprú-val*	Aprobación, visto bueno
Arch	*árk*	Arco (en figura geométrica), baúl o cofre
Argument	*ar-guíu-men-t*	Argumento, discusión
Arm	*ar-m*	Brazo, arma, armar
Army	*ár-mi*	Ejército
Art	*ar-t*	Arte
As	*as*	Como
Ash	*ash*	Ceniza
At	*at*	En
Attack	*atá-k*	Atacar
Attention	*atén-chen*	Atención
Attraction	*atrák-chen*	Atracción
Aunt	*ón-t*	Tía
Authority	*au-zóri-ti*	Autoridad
Automatic	*áuro-mari-k*	Automático, automática
Awake	*auéi-k*	Despierto, despertar
Axis	*áxi-s*	Eje

B
Babe	*béi-b*	Debería ser diminutivo de bebé pero es "slang" para "nena"
Baby	*béi-bi*	Bebé
Back	*bá-k*	Espalda, respaldo, dorso, regreso
Bad	*bá-ad*	Malo, podrido
Bag	*ba-g*	Bolsa, funda
Balance	*bá-lan-z*	Balance, balanza, equilibrio
Ball	*ból*	Bola, pelota, baile de gala
Band	*bán-d*	Banda
Bankrupt	*bán-krop-t*	En bancarrota, en quiebra
Barrel	*bárre-l*	Barril, tonel, cañón de arma de fuego
Base	*béi-s*	Base, pedestal, sede
Basket	*bás-ke-t*	Canasta, cesta, deporte de baloncesto

Be	*bí*	Ser, estar
Beautiful	*biúri-ful*	Hermoso, bello, encantador, estupendo
Because	*bícoz*	Porque
Bed	*be-d*	Cama, lecho, fondo, base
Bee	*bí-i*	Abeja
Before	*bifó-ar*	Antes de, antes que
Behavior	*bijéi-vior*	Conducta, comportamiento
Belief	*bilí-f*	Creencia, fe, confianza
Bell	*bé-l*	Campana
Belt	*bél-t*	Cinturón
Bent	*bén-t*	Curva, doblado
Between	*bí-tuín*	Entre, en medio de
Bill	*bí-l*	Cuenta, billete, pico del ave
Bird	*bér-d*	Pájaro
Birth	*bér-z*	Nacimiento, parto
Bit	*bí-t*	Pedacito, pieza del bocado en rienda de caballo
Bite	*bái-t*	Mordida, picada
Bitter	*bírer*	Amargo
Black	*blá-k*	Negro
Blade	*bléi-d*	Hoja, hoja de cuchilla o espada
Blanket	*blán-ke-t*	Manta, cobija, frazada
Blood	*bló-od*	Sangre
Blue	*blú*	Azul
Board	*bóa-rd*	Tabla, pizarra, grupo de consejo administrativo
Boat	*bóu-t*	Bote, barco, lancha
Body	*bádi*	Cuerpo, cadáver
Boiling	*bói-lin*	Hirviendo
Bone	*bóun*	Hueso
Book	*bú-k*	Libro, cuaderno
Both	*bóu-z*	Ambos
Bottle	*bore-l*	Botella
Box	*bax*	Caja
Boy	*bói*	Niño, nene
Brain	*bréi-n*	Cerebro
Brake	*bréi-k*	Freno, romper
Branch	*branch*	Rama
Brass	*bras-s*	Latón, jefe superior en términos militares
Brave	*bréi-v*	Bravo, valiente, desafiar
Bread	*bré-d*	Pan
Breakfast	*brék-fas-t*	Desayuno
Breath	*bré-z*	Aliento, respiración
Bridge	*bríd-ch*	Puente
Bright	*brái-t*	Brilloso, brillante
Broken	*bróu-ken*	Roto
Brother	*brá-der*	Hermano
Brown	*bráu-n*	Color marrón, castaño, carmelita

Brush	*brósh*	Cepillo, maleza
Building	*bíl-ding*	Edificio
Bulb	*ból-b*	Bulbo, bombillo
Burn	*bér-n*	Quemar
Burst	*bérs-t*	Rotura, ráfaga
Business	*bíz-nez*	Negocio, empresa
But	*bót*	Pero
Butter	*borer*	Mantequilla
Button	*bóron*	Botón
By	*bái*	Por

C

Cab	*ca-b*	Apodo para un taxi, cabina
Cake	*kéi-k*	Pastel o tarta
Calculate	*cál-kiú-léit*	Calcula
Call	*cól-l*	Llamada, reclamo
Camera	*cá-mera*	Cámara (fotográfica, cinematográfica, video)
Capacity	*capá-círi*	Capacidad
Card	*car-d*	Tarjeta, naipe o baraja
Care	*kéa-r*	Cuido, cuidado
Cat	*ca-t*	Gato
Cause	*có-s*	Causa
Cell	*cel-l*	Célula, celda, pila (batería)
Cellular	*cé-liú-lar*	Celular (tejido) (teléfono)
Ceremony	*cére-mani*	Ceremonia
Certain	*cér-ten*	Certeza, seguridad
Chain	*ché-in*	Cadena
Chair	*ché-ar*	Silla
Chalk	*chó-k*	Tiza
Chance	*chán-z*	Casualidad, fortuito
Change	*chéin-ch*	Cambio
Character	*cárac-ter*	Carácter
Cheap	*chí-p*	Barato, de mal gusto
Cheese	*chí-is*	Queso
Chemical	*ké-mical*	Sustancia química
Chest	*chés-t*	Pecho, baúl o arcón, tesorería
Chief	*chí-if*	Jefe
Child	*cháil-d*	Niño, criatura
Chin	*chí-n*	Mentón, barbilla
Choice	*chói-z*	Selección, elección, surtido
Church	*chérch*	Iglesia
Circle	*cér-kel*	Círculo
Circuit	*cír-kuit*	Circuito
Clean	*clín*	Limpio
Clear	*clía-r*	Claro, limpio
Clever	*clé-va-r*	Listo, hábil, inteligente

Clock	*cla-k*	Reloj (de mesa o pared)
Cloth	*clóz*	Tela, género, trapo, ropa
Cloud	*cláud*	Nube
Coat	*cóu-t*	Abrigo, chaquetón, pelaje (de animales)
Code	*cóu-d*	Código
Cold	*cóul-d*	Frío, catarro
Collar	*có-lar*	Collar, cuello
Collection	*colék-chen*	Colección
Color	*cá-lor*	Color
Comb	*cóum-b*	Peine, peinar
Come	*cóm*	Venir
Comfort	*kám-for-t*	Comodidad
Committee	*cámi-ri*	Comité
Common	*cámen*	Común
Company	*cámpa-ni*	Compañía
Comparison	*cámpari-sen*	Comparación
Competition	*cám-peti-chen*	Competencia
Complaint	*cám-pléin-t*	Queja, reclamo
Complete	*cám-plít*	Completo
Complex	*cám-plex*	Complejo
Component	*com-póu-nen-t*	Componente
Condition	*cón-di-chen*	Condición
Connection	*canék-chen*	Conexión
Conscious	*cán-chio-us*	Consciente
Constant	*cáns-tan-t*	Constante
Consumer	*con-sú-mer*	Consumidor
Continuous	*cantí-nius*	Continuo
Control	*can-tró-l*	Control
Cook	*cú-k*	Cocinar, cocinero(a)
Cool	*cú-ul*	Fresco (casi frío), sereno (comportamiento)
Cop	*có-p*	Policía en "slang"
Copy	*cá-pi*	Copia
Cost	*cos-t*	Costo
Cotton	*cá-ten*	Algodón
Cough	*cóf*	Toser
Country	*cán-tri*	País, campo
Court	*cór-t*	Tribunal (legal), cancha (deportiva), patio
Cover	*cóver*	Cubrir, tapa, cubierta
Cow	*cáo*	Vaca
Crack	*crá-k*	Rendija, grieta, estallido, droga callejera
Credit	*cré-dit*	Crédito
Crime	*crái-m*	Crimen
Cruel	*crúe-l*	Cruel
Crush	*crósh*	Aplastar, también un enamoramiento.
Cry	*crái*	Llorar, grito
Cup	*cóp*	Taza

Current	*córren-t*	Corriente
Curtain	*kér-tein*	Cortina
Curve	*kér-v*	Curva
Cushion	*cúshion*	Cojín, amortiguar
Custom	*cós-tom*	Costumbre, a la medida, aduana es con "s" (Customs)

D

Daily	*déi-li*	Diariamente
Dairy	*dé-ri*	Lácteo, relativo a la leche
Damage	*dá-mech*	Daño o perjuicio
Danger	*déin-yer*	Peligro
Dark	*dár-k*	Oscuro
Date	*déi-t*	Fecha, cita con una pareja
Daughter	*dó-rer*	Hija
Day	*déi*	Día
Dead	*déd*	Muerto
Dear	*día-r*	Querido, estimado
Death	*dé-ez*	Muerte
Debit	*dé-bi-t*	Débito
Debt	*déb-t*	Deuda
Decision	*decí-chen*	Decisión
Deep	*dí-i-p*	Profundo
Degree	*digrí*	Grado
Delivery	*delí-vri*	Entrega, repartición, manera de hablar
Dependent	*di-pén-dan-t*	Dependiente de
Deposit	*di-pá-sit*	Depósito
Desert	*déser-t*	Desierto
Design	*di-sáin*	Diseño
Desire	*di-sái-er*	Deseo
Dessert	*di-sér-t*	Postre (no confundir con "desierto", **desert**)
Destruction	*dis-trók-chen*	Destrucción
Detail	*dí-téi-l*	Detalle
Development	*di-vé-lap-ment*	Desarrollo, urbanización
Different	*dí-fren-t*	Diferente
Digestion	*diyés-chen*	Digestión
Dinner	*dí-nar*	Cena
Direction	*dirék-chen*	Dirección
Dirty	*dér-ti*	Sucio
Discount	*dis-cáun-t*	Descuento
Discovery	*dis-cávri*	Descubrimiento
Discussion	*dis-cá-chen*	Discusión
Disease	*di-sí-s*	Enfermedad
Distance	*dís-tan-z*	Distancia
Distribution	*dis-tribiú-chen*	Distribución
Dive	*dái-v*	Sumergirse, zambullirse

Division	di-ví-chen	División
Divorce	divór-z	Divorcio
Dog	dag	Perro
Doll	dal-l	Muñeca
Door	dóa-r	Puerta
Doubt	dáu-t	Duda
Down	dá-on	Abajo
Drain	dré-in	Drenaje, sumidero, agotar
Drawer	dró-er	Gaveta, (en plural, calzones **drawers**)
Dream	drí-im	Sueño
Dress	drés-s	Vestido (ropa femenina), vestir
Drink	drín-k	Beber
Driving	drái-vin	Manejando, guiando
Drop	dráp	Gota, dejar caer
Dry	drái	Seco
Dust	dós-t	Polvo, sacudir los muebles
Duty	diúri	Obligación, deber

E

Each	ích	Cada
Eagle	í-guel	Águila
Ear	ía-r	Oreja
Early	ér-li	Temprano
Earth	ér-z	Tierra
East	ís-t	Este (punto cardinal)
Eat	í-t	Comer
Economy	ícá-na-mi	Economía
Edge	édch	Borde, filo
Education	ediú-kei-chen	Educación
Effect	í-féc-t	Efecto
Effort	é-far-t	Esfuerzo
Egg	ég	Huevo
Electric	ilék-tric	Eléctrico, electrizante
Employer	impló-yar	Patrón, el que emplea
Enemy	éne-mi	Enemigo
End	en-d	Fin, final
Engine	én-yin	Motor, maquinaria
Enough	í-naf	Suficiente
Equal	í-cual	Igual
Error	érrar	Error
Even	í-ven	Parejo
Evening	ív-nin	Noche, velada
Event	ivén-t	Evento
Ever	évar	Nunca, jamás
Every	évri	Cada
Exact	izác-t	Exacto, preciso

Example	*ixám-pel*	Ejemplo
Existence	*exístan-z*	Existencia
Explanation	*ex-pla-néi-chen*	Explicación
Experience	*ex-pírien-z*	Experiencia
Expert	*éx-per-t*	Experto
Eye	*ái*	Ojo, centro
Eyelash	*ái-lash*	Pestaña
Eyelid	*ái-li-d*	Párpado

F

Fable	*féibel*	Fábula
Fabric	*fá-bric*	Tela, tejido
Face	*féiz*	Cara, rostro
Facebook	*féiz búk*	Programa de computadora de contacto social
Fact	*fác-t*	Hecho, dato
Failure	*féi-liur*	Fracaso, fallo
Fair	*féa-r*	Justo, feria
Fall	*fól-l*	Caída, otoño
False	*fál-z*	Falso, postizo
Family	*fámi-li*	Familia
Famous	*féimas*	Famoso
Fan	*fan*	Abanico, fanático
Far	*far*	Lejos, alejado
Farm	*far-m*	Finca, granja, cultivar
Farmer	*far-mar*	Granjero
Fat	*fat*	Grueso, gordo
Father	*fá-dar*	Padre
Fear	*fía-r*	Miedo
Feeling	*fí-lin*	Sentimiento
Female	*fi-méi-l*	Hembra
Fertile	*fértil-l*	Fértil, fecundo
Fever	*fí-var*	Fiebre
Fiber	*fáiber*	Fibra
Fiction	*fík-chen*	Ficción
Field	*fíld-d*	Campo, terreno
Fight	*fáit*	Pelea
Figure	*fíguiu-r*	Figura
Financial	*fainán-chal*	Financiero
Finger	*fín-gar*	Dedo de la mano
Fingerprint	*fingar prin-t*	Huella dactilar
Fire	*fáier*	Fuego
Firearm	*fáier arm*	Arma de fuego
Fireman	*fáier man*	Bombero
Fireworks	*fáier uérks*	Fuegos artificiales
First	*férs-t*	Primero, primer
Fish	*fish*	Pescado, pescar

Fisherman	*fisherman*	Pescador
Fixed	*fíx-d*	Arreglado
Flag	*flag*	Bandera
Flame	*fléim*	Llama, viejo amor
Flash	*flash*	Destello, fogonazo
Flat	*fla-t*	Plano, llano, aplastado
Flight	*flái-t*	Vuelo
Flood	*flád*	Inundación
Floor	*flóa-r*	Piso
Flour	*fláuar*	Harina
Flower	*fláuer*	Flor
Fly	*flái*	Mosca, volar
Focus	*fóu-cos*	Enfocar
Food	*fú-ud*	Alimento, comida
Foolish	*fú-u-lish*	Tonto, insensato
Foot	*fú-ut*	Pie
Football	*fú-ut ból*	Fútbol americano (el hispano es soccer)
Forecast	*fór-cas-t*	Pronóstico, proyección
Foreign	*fárein*	Extranjero, exterior
Force	*fór-z*	Fuerza
Forgive	*farguí-v*	Perdonar
Fork	*for-k*	Tenedor, bifurcación
Forward	*for-uár-d*	Hacia adelante
Frame	*fréim*	Marco, bastidor
Free	*frí-i*	Libre, suelto
Frequent	*frícuen-t*	Frecuente
Friend	*frén-d*	Amigo, amiga
Front	*frón-t*	Frente
Frost	*frós-t*	Helada
Frozen	*fróu-zen*	Congelado
Fruit	*frút*	Fruta
Full	*fúl-l*	Lleno, completo
Funny	*fóni*	Simpático, gracioso
Furniture	*férni-cher*	Mueble, muebles
Future	*fiú-cher*	Futuro

G

gallery	*gáleri*	Galería
game	*guéi-m*	Juego
gang	*gán-g*	Pandilla
garbage	*gárbich*	Basura
garden	*garden*	Jardín
gate	*guéi-t*	Portón
general	*chéneral*	General, también un rango militar
germ	*chér-m*	Germen, microbio
get	*gué-t*	Conseguir, obtener, tomar

girl	guér-l	Niña
glass	glás-s	Cristal, vaso, copa
glove	glóu-v	Guante
go	góu	Ve, ir
God	Gád	Dios
Gold	góul-d	Oro
Good	gú-d	Bueno
Gossip	gási-p	Chisme
Government	gáver-men-t	Gobierno
Grain	gréin	Grano (de tierra, cereal, etc.), veta de madera
Grass	grás-s	Hierba, grama
Grateful	gréit-ful	Agradecido
Great	gréi-t	Grande, fenomenal
Green	grí-in	Verde
Grey	gréi	Gris
Grief	grí-f	Dolor, pena
Grocery	gráceri	Bodega, tienda de comestibles
Ground	gráun-d	Terreno, tierra
Group	grú-p	Grupo
Growth	gróut-z	Crecimiento
Guarantee	gáranti	Garantía, garantizar
Guide	gái-d	Guía
Gun	gan	Arma de fuego

H

Habit	ábi-t	Costumbre, hábito
hair	jéa-r	Pelo
Hammer	jáme-r	Martillo
Hand	ján-d	Mano
Handle	jánde-l	Agarradera, manejar o tocar
Hanging	jánguin	Acto de colgar
Happy	jápi	Feliz, contento
Hard	jár-d	Duro
Hat	ját	Sombrero
Hate	jéi-t	Odio
Have	jáv	Tener
Head	jéd	Cabeza
Healthy	jél-lzi	Saludable
Hear	jía-r	Oír
Hearing	jí-irin	Audición, audiencia
Heart	jár-t	Corazón
Heat	ji-ít	Calor
Heavy	jé-vi	Pesado
Help	jél-p	Auxilio, ayuda
High	jái-g	Alto
Hill	jíl-l	Loma, colina

Hire	*jái-r*	Emplear, contratar
History	*jístori*	Historia
Hold	*jóul-d*	Aguantar, sostener
Hole	*jóu-l*	Hueco, hoyo
Holiday	*jóli-dei*	Día festivo
Home	*jóum*	Hogar
Honest	*ónest-t*	Honesto
Hope	*jóu-p*	Esperanza
Horse	*jór-s*	Caballo
Hospital	*jós-pital*	Hospital
Hour	*áua-r*	Hora
House	*jáu-s*	Casa
How	*jáo*	Cómo
Human	*jiú-man*	Humano
Humor	*jiú-mar*	Humor
Hurry	*jérri*	Prisa, apuro
Hurt	*jér-t*	Daño
Husband	*jósban-d*	Esposo

I

Ice	*ái-s*	Hielo
Idea	*ái-dia*	Idea
Ill	*íl-l*	Enfermo
Image	*ímech*	Imagen
Import	*ím-por-t*	Importar, importación
Important	*im-pór-tan-t*	Importante
Impulse	*ím-pul-s*	Impulso
Increase	*incrís-is*	Aumento, incremento
Industry	*ín-dustri*	Industria
Inflation	*infléi-chen*	Inflación
Ink	*ín-k*	Tinta
Innocent	*ína-cen-t*	Inocente
Insect	*ín-sec-t*	Insecto
Instrument	*ins-trument-t*	Instrumento
Insurance	*inchú-ran-z*	Seguro
Intelligent	*inté-li-yent*	Inteligente
Interest	*ín-teres-t*	Interés
Invention	*invén-chen*	Invento
Investigation	*investi-guéi-chen*	Investigación
Investment	*invést-men-t*	Inversión
Iron	*áiron*	Hierro
Island	*áis-lan-d*	Isla
Issue	*íchiu*	Asunto, emisión

J

| Jack | *yack* | Gato de auto, enchufe hembra, jota en baraja |

Jail	yéi-l	Cárcel
Jealous	yélou-s	Celoso
Jewel	yúe-l	Joya, alhaja
Join	yóin	Unir
Judge	yód-ch	Juez
Juice	yu-úz	Jugo
Jump	yóm-p	Salto, saltar
Jurisdiction	yuris-dík-chen	Jurisdicción
Justice	yóstiz	Justicia

K

Karate	kará-ti	Karate
Keep	ki-íp	Guardar, mantener
Kennel	kénel	Casa o criadera de perros
Kernel	kér-nel	Grano de cereal, semilla de fruta
Key	kí	Llave, cayo (islote)
Kick	kík	Patada, patear
Kind	káin-d	Noble, clase de
King	kin-g	Rey
Kiss	kís-s	Beso
Kitchen	kít-chen	Cocina
Knee	ni-í	Rodilla
Knife	nái-f	Cuchillo, navaja
Knowledge	nóu-led-ch	Conocimiento
Kosher	kóu-sher	(Aprobado por la religión judía)

L

Label	léi-bol	Etiqueta
Lake	léi-k	Lago
Land	lán-d	Tierra, terreno, país
Language	lánguech	Lenguaje
Large	larch	Grande
Last	lás-t	Último
Late	léi-t	Tarde
Laugh	láf	Reír, carcajada
Law	lo-ó	Ley
Lawyer	ló-yer	Abogado
Lead	lé-ed	Plomo, dirigir, llevar delantera
Leaf	líf	Hoja (de árbol, de papel)
Learning	lérnin	Aprendiendo, apredizaje
Lecture	lék-chur	Conferencia
Left	léf-t	Izquierda, dejado atrás
Leg	leg	Pierna
Legal	lígal	Legal
Lend	lén-d	Prestar
Lesson	lés-son	Lección

Letter	*lérer*	Letra, carta
Level	*lével*	Nivel
Library	*lái-breri*	Biblioteca
License	*láicenz*	Licencia
Lie	*lái*	Mentira, yacer
Life	*lái-f*	Vida
Light	*lái-t*	Luz, ligero
Like	*lái-k*	Gustar, parecido
Limit	*lími-t*	Límite
Line	*láin*	Línea, hilo de pescar
Link	*lín-k*	Eslabón, lazo, enlace, conexión
Lip	*lí-p*	Labio, borde
Liquid	*lí-cui-d*	Líquido
List	*líst-t*	Lista, enlistar
Little	*lírel*	Poco, pequeño
Living	*lí-vin-g*	Viviendo
Loan	*lóun*	Préstamo
Lobby	*lábi*	Vestíbulo, cabildeo
Local	*lóucal*	Local
Long	*lón-g*	Largo
Look	*lu-úk*	Mira, observa, mirar
Loose	*lu-ús*	Suelto
Loss	*lós*	Pérdida
Loud	*láu-d*	Nivel alto de sonido
Love	*láv*	Amor
Low	*lóu*	Bajo (de altura)
Lunch	*lónch*	Almuerzo
Lung	*lón-g*	Pulmón

M

Machine	*machín*	Máquina
Magic	*mágik*	Mágico
Make	*méi-k*	Hacer
Male	*méi-l*	Macho, masculino
Man	*man*	Hombre
Manager	*mánacher*	Gerente, administrador
Many	*méni*	Muchos, muchas
Map	*ma-p*	Mapa
Marble	*már-bel*	Mármol, bolita canica
Mark	*mar-k*	Marca
Market	*már-ke-t*	Mercado
Marriage	*márriech*	Matrimonio
Married	*márrie-d*	Casado
Match	*mát-ch*	Fósforo (cerillo), emparejar 2 cosas, encuentro deportivo
Material	*matíria-l*	Material

Mattress	*má-tres*	Colchón
Mature	*matiúr*	Maduro, añejo (no aplica a frutas)
Meal	*mía-l*	Comida (cena), harina de cereales
Measure	*méchur*	Medida
Meat	*mí-it*	Carne (de comer)
Medical	*medical*	De carácter médico
Medicine	*médicin*	Medicina
Meeting	*mi-ítin*	Reunión
Memory	*mémori*	Memoria
Message	*mésich*	Mensaje
Metal	*métal*	Metal
Metabolism	*metá-bolis-m*	Metabolismo
Middle	*míd-del*	Del medio
Military	*mílitari*	De carácter militar
Milk	*mil-k*	Leche
Mind	*máin-d*	Mente
Mine	*máin*	Mío, mina
Mineral	*mineral*	Mineral
Minute	*mínit*	Minuto, momento, acta legal
Mist	*mís-t*	Neblina, vapor
Mixed	*míxd-d*	Mezclado
Model	*módel*	Modelo
Modest	*mádes-t*	Modesto, moderado
Money	*mó-ni*	Dinero
Monkey	*mánki*	Mono
Month	*món-z*	Mes
Mood	*mu-úd*	Humor, deseos, estado emocional
Moon	*mu-ún*	Luna
Morning	*mórning*	Mañana
Mother	*má-der*	Madre
Motion	*móu-chen*	Movimiento, gesto
Mountain	*máun-tein*	Montaña
Mouse	*máu-s*	"ratón" de computadora
Mouth	*máu-z*	Boca
Move	*mu-úv*	Mover
Much	*móch*	Mucho
Murder	*mérder*	Asesinato
Muscle	*móse-l*	Músculo
Music	*miú-sik*	Música
Must	*mós-t*	Deber, tener que
Mutation	*miútei-chen*	Mutación
Mystery	*místeri*	Misterio

N

| Nail | *néil* | Clavo, clavar, uña |
| Name | *néim* | Nombre |

Narrow	*nárrou*	Estrecho
Nasty	*násti*	Desagradable, feo, asqueroso
Nation	*néi-chen*	Nación, país
Natural	*né-chural*	Natural
Navy	*néivi*	Marina, Armada
Near	*níar*	Cerca
Necessary	*nesi-séri*	Necesario
Neck	*nék*	Cuello
Need	*ni-íd*	Necesidad
Neighbor	*néi-bar*	Vecino
Nerve	*nérv*	Nervio
Net	*net*	Red, malla, (abreviatura de Internet)
New	*niú*	Nuevo
News	*niú-s*	Noticias
Newspaper	*niús-péipar*	Periódico
Next	*néx-t*	Siguiente
Nice	*nái-s*	Agradable, simpático
Night	*nái-t*	Noche
Noise	*nói-s*	Ruido
North	*nór-z*	Norte
Nose	*nóu-s*	Nariz
Note	*nóu-t*	Nota, notar
Now	*náo*	Ahora
Number	*nómbar*	Número
Nurse	*nérs*	Enfermera, cuidar, amamantar
Nut	*nót*	Nuez
Nutrition	*nutrí-chen*	Nutrición

O

Oak	*óuk*	Roble
Oat	*óut*	Avena
Observation	*abservéi-chen*	Observación
Of	*of*	De
Off	*of-f*	Fuera, apagado
Offer	*áfer*	Oferta
Office	*áafiz*	Oficina
Officer	*áficer*	Oficial
Oil	*óil*	Aceite, petróleo
Old	*óul-d*	Viejo
Only	*ánli*	Solo, solamente
Open	*óupen*	Abierto
Operation	*áperei-chen*	Operación
Opinion	*apínion*	Opinión
Orange	*oránch*	Naranja, anaranjado
Order	*árder*	Orden
Organization	*organizéi-chen*	Organización

Origin	*áriyin*	Origen
Other	*óder*	Otro, otra
Out	*áut*	Afuera
Oven	*óuven*	Horno
Over	*óuver*	Terminado, por encima de
Owner	*óuner*	Dueño
Ozone	*ozóun*	Ozono

P

Package	*pákech*	Paquete
Page	*péich*	Página
Pain	*péin*	Dolor
Paint	*péin-t*	Pintura, pintar
Pair	*péa-r*	Par
Paper	*péipar*	Papel
Parent	*páren-t*	Padres (ambos) de uno o alguien
Partner	*párt-nar*	Socio
Party	*pári*	Fiesta
Past	*pás-t*	Pasado
Paste	*péis-t*	Pasta (no de comer), pegar
Payment	*péimen-t*	Pago
Peace	*pí-iz*	Paz
Pen	*pen*	Pluma, bolígrafo, estilográfica
Person	*per-son*	Persona
Physical	*físical*	Del físico, exámen médico
Picture	*pic-cher*	Pintura, retrato, cuadro
Pin	*pin*	Alfiler
Pipe	*pái-p*	Pipa, tubería, cañería
Place	*pléi-z*	Lugar
Plane	*pléi-n*	Plano, avión, cepillo de carpintero
Plant	*plan-t*	Planta, fábrica
Plate	*pléi-t*	Plato, lámina
Play	*pléi*	Jugar, obra teatral
Please	*pli-íz*	Por favor, complacer
Pleasure	*plé-chur*	Placer
Pocket	*páket*	Bolsillo
Poison	*póison*	Veneno
Polish	*pólich*	Polaco, pulir, pulidor
Political	*políti-cal*	De carácter político
Pool	*pu-úl*	Piscina, pileta, fondo común
Poor	*pu-úar*	Pobre
Position	*posí-chen*	Posición
Possible	*pási-bel*	Posible
Potato	*potéi-to*	Papa, patata
Powder	*páuder*	Polvo
Power	*páuer*	Poder

Practice	*práktiz*	Práctica
Prayer	*préller*	Oración
Present	*présen-t*	Presente, regalo
Pressure	*préshur*	Presión
Price	*práis*	Precio, preciado
Print	*prin-t*	Imprimir, impreso
Prison	*prísen*	Prisión
Private	*práivet*	Privado
Probable	*prábabel*	Probable
Process	*práces*	Proceso
Produce	*próduz*	Producir, fabricar; también productos agrícolas
Product	*práduc-t*	Producto
Profit	*práfi-t*	Ganancias, utilidades
Progress	*prágres*	Progreso
Property	*práperti*	Propiedad
Protest	*prátest*	Protesta
Public	*public*	Público
Pull	*pu-úl*	Halar
Punishment	*pónish-men-t*	Castigo
Purchase	*pérche-s*	Compra
Pure	*piú-ar*	Puro, pura
Purpose	*pér-pes*	Propósito
Push	*pús-sh*	Empujar
Put	*put*	Poner
Puzzle	*pózel*	Rompecabezas

Q

Quake	*kuéi-k*	Temblor, terremoto
Quality	*cuáli-ti*	Calidad
Qualify	*cuali-fái*	Capacitar, dar derecho a
Quarter	*kuó-rer*	Cuarta parte, un cuarto de, barrio, trimestre
Queen	*Kuín*	Reina
Question	*cués-chen*	Pregunta
Quick	*kuík*	Rápido
Quiet	*kuá-iet*	Quieto, callado, tranquilo
Quit	*kuít*	Renunciar, salirse de
Quite	*kuái-t*	Bastante

R

Rabbit	*rábit*	Conejo
Race	*réi-z*	Raza, carrera
Radiation	*réidi-ei-chen*	Radiación
Rain	*réin*	Lluvia
Rat	*ra-t*	Rata
Rate	*réi-t*	Tarifa
Ratio	*réichio*	Proporción, relación, tasa, índice

Ray	*réi*	Rayo
Reaction	*ríac-chen*	Reacción
Reading	*rídin*	Leyendo
Ready	*rédi*	Listo
Real	*ríal*	Real, verdadero
Reason	*ríson*	Razón
Receipt	*ri-cít*	Recibo, comprobante
Record	*récor-d*	Historial, registro, archivo
Red	*re-d*	Rojo
Regret	*ri-gré-t*	Arrepentirse, lamentar
Regular	*ré-guiu-lar*	Regular
Relation	*riléi-chen*	relación,
Relative	*re-la-tíf*	Relative, pariente (familiar)
Religion	*relí-llon*	Religión
Representative	*repri-sén-tatif*	Representante, representativo
Request	*ricués-t*	Pedir, solicitar
Respect	*ris-péc-t*	Respeto, respetar
Responsible	*ris-pón-sabel*	Responsable
Rest	*res-t*	Descanso
Retail	*ri-téil*	Al detalle
Reward	*ri-uór-d*	Recompensa
Rich	*rí-ch*	Rico
Right	*rái-t*	Derecha, derecho, correcto
Ring	*rín-g*	Anillo, sortija, círculo, pista, cuadrilátero de boxeo
River	*rívar*	Río
Road	*róu-d*	Camino, carretera
Rock	*rak*	Roca, piedra
Rod	*rad*	Varilla
Roll	*rol-l*	Rollo
Roof	*ru-úf*	Techo
Room	*ru-úm*	Habitación, cuarto
Rough	*róf-f*	Áspero, brusco
Round	*ráun-d*	Redondo, circular
Rule	*rú-ul*	Regla, norma, dominar
Run	*ró-on*	Correr
Rust	*rós-t*	Óxido, oxidado
Rustic	*róstic*	Rústico

S

Sacred	*séicred*	Sagrado, sacro
Sad	*sa-ád*	Triste
Safe	*séif*	Seguro, caja fuerte
Sale	*se-éil*	Venta
Salt	*so-ólt*	Sal
Same	*séim*	Mismo, misma

Sand	*sán-d*	Arena
Saving	*séivin*	Ahorro, ahorrando
Say	*séi*	Dice, dicho antiguo
Scale	*s-kéil*	Pesa, balanza, escama
School	*s-ku-úl*	Escuela
Science	*sá-ienz*	Ciencia
Scissors	*sí-sors*	Tijeras
Screen	*s-kri-ín*	Pantalla, seleccionar
Sea	*si-í*	Mar
Seat	*sít*	Asiento
Second	*sécond-d*	Segundo
Secret	*sícret*	Secreto
Security	*sekiúriti*	Seguridad
See	*síi*	Ver
Self	*sél-f*	Propio, uno mismo
Send	*sén-d*	Enviar
Sentence	*sén-tenz*	Sentencia legal, oración gramatical
Separate	*sépareit*	Separado
Serious	*sí-rius*	Serio
Service	*sérviz*	Servicio
Shake	*shéi-k*	Agitar, sacudir
Shame	*shéi-m*	Culpa, vergüenza
Sharp	*shár-p*	Agudo, puntiagudo, listo
Sheep	*shí-ip*	Oveja
Shelf	*shél-f*	Repisa
Ship	*ship-p*	Barco, navío
Shirt	*shér-t*	Camisa
Shoe	*shu-ú*	Zapato
Short	*shór-t*	Corto
Shut	*shot*	Cerrar
Side	*sái-d*	Lado, costado
Sidewalk	*sáid-uók*	Acera
Sign	*sáin-n*	Señal, rótulo, letrero
Silk	*silk-k*	Seda
Silver	*síl-var*	Plata
Simple	*sím-pel*	Simple
Sister	*sís-tar*	Hermana
Size	*sáiz*	Tamaño, talla
Skin	*s-skin*	Piel
Skirt	*s-skért*	Falda
Sky	*s-skái*	Cielo
Sleep	*s-li-íp*	Dormir
Slip	*slip*	Resbalón, error, decaer
Slow	*s-lóu*	Lento
Small	*s-mól*	Pequeño
Smell	*s-mel-l*	Oler

Smile	*s-máel*	Sonrisa
Smoke	*s-móuk*	Humo
Smooth	*s-mu-úz*	Suave, terso
Snake	*s-néi-k*	Serpiente
Sneeze	*s-ni-íz*	Estornudo
Snow	*s-nóu*	Nieve
Soap	*só-up*	Jabón
Society	*sozáie-ti*	Sociedad
Sock	*sák*	Calcetín
Soft	*sóf-t*	Suave
Solid	*sáli-d*	Sólido
Son	*san*	Hijo
Song	*són-g*	Canción
Sort	*sort*	Clase, especial de
Soup	*súp*	Sopa
South	*sáoz*	Sur
Space	*s-péiz*	Espacio
Special	*s-pechal*	Especial
Spirit	*spí-rit*	Espíritu
Sponge	*s-pánch*	Esponja
Spoon	*s-pu-ún*	Cuchara
Spring	*s-prín-g*	Primavera, muelle resorte
Stage	*s-téich*	Escenario, organizar (montar)
Stamp	*s-tam-p*	Sello de correo, sello de estampar
Star	*s-ta-ár*	Estrella
Start	*s-tar-t*	Comienzo, arrancada
Statement	*s-téit-ment*	Declaración, estado de cuenta
Station	*s-téi-chen*	Estación
Steam	*s-ti-ím*	Vapor
Step	*s-tep*	Paso, escalón
Stick	*s-tík*	Palo, pegar
Sticky	*s-tíki*	Pegajoso
Stiff	*s-ti-íf*	Tieso
Still	*s-ti-l*	Quieto
Stocking	*s-tókin*	Media de vestir
Stomach	*s-tómak*	Estómago
Stone	*s-tóun*	Piedra
Stop	*stáp*	Pare, parar, parada
Store	*stóar*	Tienda
Story	*s-tóri*	Cuento, historia
Straight	*s-tréit*	Derecho
Strange	*s-tréinch*	Extraño
Street	*s-trít*	Calle
Stretch	*s-tréch*	Estirar
Strong	*s-tron-g*	Fuerte
Structure	*s-trók-cher*	Estructura

Substance	*sóbs-tanz*	Sustancia
Sugar	*shú-gar*	Azúcar
Suggestion	*so-llés-chen*	Sugerencia
Summer	*sómer*	Verano
Sun	*son-n*	Sol
Sunburn	*són-bér-n*	Quemadura de sol
Support	*su-pór-t*	Soporte, apoyo
Surgeon	*sér-yen*	Cirujano
Surprise	*sor-práiz*	Sorpresa
Sweet	*sui-ít*	Dulce
Swim	*suím-m*	Nadar
System	*sís-tem*	Sistema

T

Tab	*tab*	Etiqueta, cuenta, lengüeta
Table	*téibol*	Mesa
Tail	*téil*	Rabo, cola
Tailor	*téi-lar*	Sastre
Take	*téik*	Tomar, toma
Talk	*tók*	Habla
Tall	*tól-l*	Alto
Taste	*téis-t*	Gusto, probar
Tax	*tax*	Impuesto, recarga
Teacher	*tí-cher*	Maestro
Term	*ter-m*	Término, período, mandato
Test	*tes-t*	Examen
Then	*dé-n*	Entonces
Theory	*zí-ori*	Teoría
Thick	*zík*	Espeso
Thief	*zi-íf*	Ladrón
Thin	*zín*	Delgado
Thing	*zing-g*	Cosa
Thought	*zó-t*	Pensamiento
Thread	*zré-d*	Hilo
Throat	*zróu-t*	Garganta
Through	*zrú*	A través, atravesado, pasó
Thumb	*zóm-b*	Dedo pulgar
Thunder	*zóndar*	Trueno
Ticket	*tíke-t*	Boleto
Tie	*tái*	Amarra, corbata
Tight	*tái-t*	Apretado
Till	*tíl-l*	Labrar, cultivar, (abreviatura de **until** "hasta")
Time	*tái-m*	Tiempo
Tin	*tin*	Lata
Tired	*tái-erd*	Cansado
Today	*tudéi*	Hoy

Toe	*tóu*	Dedo del pie
Together	*tugué-dar*	Juntos
Tomorrow	*tumórrou*	Mañana
Tongue	*tón-g*	Lengua
Tonight	*tu-nái-t*	Esta noche
Tooth	*tút-z*	Diente
Top	*tap*	Tope
Touch	*tách*	Tocar
Towel	*táuel*	Toalla
Town	*táon*	Pueblo, ciudad
Trade	*tréid-d*	Comercio, oficio
Train	*tréi-n*	Tren
Transport	*tráns-por-t*	Transportar, transporte
Tray	*tréi*	Bandeja
Treatment	*trít-men-t*	Tratamiento
Tree	*tri-í*	Árbol
Trick	*trí-k*	Truco, trampa, jugarreta
Trouble	*tróbel*	Problema
True	*trú*	Verdad
Turn	*tér-n*	Vuelta, turno
Twist	*tuís-t*	Torcer, retorcer
Twitter	*tuírer*	Programa cibernético de contacto social
Type	*tái-p*	Tipo, escribir en teclado

U

Ugly	*ógli*	Feo
Umbrella	*ombréla*	Sombrilla, paraguas, parasol
Under	*óndar*	Debajo
Unit	*yúni-t*	Unidad
Unknown	*on-nóun*	Desconocido
Up	*óp*	Arriba
Use	*yus*	Uso
Usual	*yusual*	Usual

V

Vacancy	*véican-si*	Vacante, (habitación disponible)
Vacation	*vakéi-chen*	Vacaciones
Vaccine	*vac-sín*	Vacuna
Value	*valíu*	Vale, valor (más bajo costo)
Very	*véri*	Muy
Victim	*víc-tim*	Víctima
View	*viú*	Vista
Violent	*váyolen-t*	Violento
Voice	*vóiz*	Voz
Volume	*váliu-m*	Volumen
Vote	*vóu-t*	Voto, vote

W

Wage	*uéich*	Salario
Waiting	*uéirin*	Esperando
Walk	*uók*	Caminar
Wall	*uól-l*	Pared
War	*uór*	Guerra
Warm	*uór-m*	Tibio
Wash	*uásh*	Lavar
Waste	*uéis-t*	Desperdicio
Watch	*uách*	Observar, reloj pulsera
Water	*uórar*	Agua
Wave	*uéiv-v*	Ola, onda
Wax	*uáx*	Cera
Way	*uéi*	Camino
Weak	*ui-ík*	Débil
Weather	*uédar*	Clima, estado del tiempo
Week	*uí-k*	Semana
Weight	*uéi-t*	Peso, pesado
Welcome	*uél-com*	Bienvenido
Well	*uél-l*	Bien, pozo
West	*ués-t*	Oeste
Wet	*uét*	Mojado
Wheel	*ui-íl-l*	Rueda
Widow	*uí-dou*	Viuda
Wife	*uái-f*	Esposa
While	*uái-l*	Mientras, un rato
White	*uái-t*	Blanco
Wholesale	*jóul-séil*	Al por mayor
Wide	*uái-d*	Ancho, amplio
Will	*uíl-l*	Voluntad, testamento
Wind	*uín-d*	Viento
Window	*uíndou*	Ventana
Wine	*uáin*	Vino
Wing	*uín-g*	Ala
Winter	*uínar*	Invierno
Wire	*uáier*	Alambre
Wise	*uái-s*	Sabio
With	*uíz*	Con
Witness	*uít-nes*	Testigo
Woman	*wúman*	Mujer
Wood	*wúd*	Madera
Word	*uér-d*	Palabra
Work	*uér-k*	Trabajo
Wound	*wúnd*	Herida
Wreck	*rék*	Destrozo, naufragio

| Writing | *ráirin-g* | Escritura, escribiendo |
| Wrong | *rón-g* | Malo, incorrecto |

XYZ

Yacht	*yách-t*	Yate
Yard	*yár-d*	Patio, yarda
Year	*yíe-r*	Año
Yellow	*yélou*	Amarillo
Yes	*yes*	Sí
Yesterday	*yésterdei*	Ayer
You	*llú*	Tú, usted, ustedes
Young	*yo-óng*	Joven
Zest	*zes-t*	Entusiasmo
Zip	*zip*	Brío, código postal de EE. UU.
Zoom	*zúm-m*	Zumbido, teleobjetivo

Cómo evitar el robo de indentidad, el secuesto infantil y otros delitos

Estuve algún tiempo debatiendo conmigo mismo si incluía o no este apéndice en el libro. No quería que un tema tan sombrío y difícil como este empañara el propósito de *Perfeccione su inglés con la ayuda de Dios*, que es ofrecer un vehículo de mejoramiento personal, positivismo y optimismo para una vida mejor. Al final, ganó el sentido común, especialmente si el lector tiene el objetivo de que esa mejor vida se desarrolle dentro de los Estados Unidos, porque estar consciente de cómo proteger mejor la propiedad, la familia y hasta la vida misma, es parte del mejoramiento personal.

Es duro tener que admitir que la vida en este país no es tan segura hoy como lo fue años atrás. Ciertamente, es mucho más segura que en algunos países nuestros donde sus gobiernos no respetan los derechos civiles, o donde imperan las bandas o pandillas de criminales, usualmente allegadas al tráfico de drogas. Pero sería irresponsable de mi parte no admitir que aquí existen problemas.

La diferencia es que en este país la mayoría de los actos criminales son cometidos por personas solas e independientes, no afiliadas a ningún grupo.

Tipos de delitos y sugerencias

Los motivos del acto criminal son usualmente tres:

1. Intento de robo
2. Secuestro infantil (**kidnapping** *kíd-nápin*)
3. Enfermos mentales orientados a la violación sexual (**rape** *réip*).

Rogando a Dios que en su infinita misericordia nos proteja de cualquiera de las siguientes situaciones, paso a describirlas.

Intento de robo

Dentro del intento de robo hay varias categorías:

Home robbery	*jóm róberi*	Robo en las casas.
Mugging	*móguín*	Asalto en la calle.
Carjacking	*car-yákin*	Arrebato del vehículo.
White collar	*uái-t cólar*	Delitos de cuello blanco.

Robo en la casa. Para evitar un **home robbery** hay varias medidas de seguridad recomendadas por los expertos:

1. Instale cerraduras de seguridad (**safety locks** *séif-ty láks*) en sus puertas y ventanas.
2. De ser posible instale una alarma (**home alarm** *jóu-m alár-m*).
3. Evite los arbustos espesos alrededor de la casa, detrás de los cuales pueda esconderse alguien.
4. Mantenga siempre una luz exterior encendida, preferiblemente "sensible al movimiento" (**motion sensitive lights** *móu-chen sénsi-tif láit-s*).
5. Si tiene que dejar la casa vacía unos días, instale un regulador de tiempo que prenda y apague varias luces interiores (**lights timer** *láit-s tái-mar*). Si está suscrito a alguna publicación diaria, avise al repartidor que no los deje en su puerta durante ese tiempo.
6. Y, obviamente, trate de tener un buen seguro contra robos.

Entiendo que lo anterior implica ciertos gastos que quizás no estén al alcance de todos, especialmente si están empezando a vivir en los Estados Unidos, pero tan pronto sea posible, considérelos. Un robo es más costoso que todo lo anterior.

Asalto en la calle. El **mugging** les ocurre siempre en las calles, parques, estacionamientos de autos, escaleras de edificios, etc., a personas caminando o en vehículos de transporte público. Obviamente, la oscuridad y los rincones apartados son los aliados del asaltante.

Para evitar esos malos y peligrosos momentos, se recomienda lo siguiente:

1. No tenga a la vista joyas, prendas, cámaras fotográficas u otros artículos de valor.
2. **Be alert** *bí alér-t*. Manténgase alerta todo el tiempo. Mire y escuche todo a su alrededor. Por dónde camina y por donde va a caminar.
3. Tenga siempre libre su mano dominante (la de mayor fuerza).
4. Tenga en su mano las llaves de su carro (**car keys** *car kíi-is*) o casa (**house keys** *jáu-s kí-is*) si va hacia ellos (para no perder tiempo buscándolas).

5. Si siente que alguien le está siguiendo, cambie de dirección (**change direction** *chéinch dáirec-chen*) y camine hacia donde haya más seguridad u otras personas.

6. Si es permitido en el estado o ciudad donde vive, tenga a la mano algún dispositivo de defensa, sea que produzca ruido o un atomizador legal de gas pimienta o similar.

7. En el interior de un autobús o tren, evite dormirse (**stay awake** *stéi auéi-k*), siéntese cerca del chófer si es posible, y trate de sentarse siempre al lado del pasillo de manera que no lo acorralen. Esté atento a las personas a su alrededor y a los que suben al vehículo. Si presiente que alguien puede ser peligroso, bájese (**get off** *guét af*) del vehículo en una parada iluminada donde haya más personas.

8. En un edificio público, use siempre el ascensor (**elevator** *elevéi-rar*) y no las escaleras (**stairs** *stéar-s*). Estas son solitarias y a veces oscuras.

Robo de auto. El **carjacking** es una variedad del **mugging**, solo que en este caso, lo que se roban por la fuerza es el carro de usted, con usted presente o guiándolo. Este tipo de crimen sucede principalmente de tres maneras:

1. Usted está guiando, se detiene por algo y una persona lo encañona con un arma y lo obliga a bajarse del carro para él montarse y llevárselo.

2. Usted está guiando, otro carro golpea al suyo ligeramente por detrás. Usted detiene su auto, se baja para ver el daño, y es encañonado y robado.

3. Usted camina hacia el carro. Al abrir la puerta es encañonado y robado. Una variedad de esto es que lo están esperando escondidos cerca de su casa o estacionamiento en su trabajo.

Para reducir la posibilidad de este crimen, las recomendaciones son:

1. Guíe siempre con el seguro (**door lock** *dóar lák*) de la puerta puesto y el cristal de las ventanillas subido del todo, o parcialmente subidas de manera que no permita que una mano penetre por ella.

2. Si va caminando hacia su carro, observe los alrededores. Si está llegando a su casa, haga lo mismo antes de bajarse del vehículo.

3. Asegúrese siempre de tener suficiente gasolina para llegar a su destino.

4. Si otro carro lo golpea ligeramente por detrás, no se baje del auto.

5. Si es de noche, por una carretera solitaria, y una goma se pincha (**flat tire** *flat táier*), no se baje a cambiarla. Es preferible arruinarla guiando hasta una estación de servicio que presentar un "blanco" fácil a algún criminal.

6. Nunca tenga su nombre o la dirección de su casa en el llavero (**key ring** *kí rín-g*) del auto. Jamás tenga la llave de su casa en ese mismo llavero.

Delitos de cuello blanco. Los delitos de tipo **white collar** son muy variados. Incluyen el actualmente muy de moda "robo de su identidad" (**identity theft** *áiden-ti-ti zéf-t*); robos electrónicos (**electronic thefts** *electrá-nik zéft-s*), fraudes por computadora (**computer frauds** *campiú-rar fród-s*); fraudes telefónicos (**telephone frauds** *tele-fánik fród-s*), estafas (**embezzlement** *embézel-men-t*), extorsión (**extorsion** *ex-tár-chen*), etc. Se le dice "crimen de cuello blanco" a todo tipo de crimen no sangriento, pero no menos dañino, en que la fechoría se comete mediante el uso de documentos o información.

a. El **identity thief** es el delito del momento. En él, los malhechores logran averiguar el número de su Seguro Social, o el número de su tarjeta de crédito, su palabra clave (**password** *pass-uórd*) o número pin (las iniciales de **Personal Identification Number** *per-sonal áiden-ti-fi-kéi-chen nóm-bar* o número de identificación personal), y utilizan su nombre (identidad) y sus números para sustraer el dinero de su tarjeta.

Para evitar este crimen, se recomienda:

1. Nunca dé su número de Seguro Social a nadie por teléfono, carta o computador.

2. Nunca escriba su número **pin** en la misma tarjeta.

3. Rompa bien cualquier papel que tenga los números anteriores antes de echarlos a la basura.

4. Lea cuidadosamente los estados de cuenta del banco para poder apreciar si hay cargos a su tarjeta que usted desconozca.

5. No crea en ofertas maravillosas que le ofrecen cosas baratas o gratis que requieren que brinde información personal a un desconocido o empresa desconocida.

6. Y, por supuesto, proteja y guarde bien sus tarjetas.

7. Evite al máximo pagar con su tarjeta de crédito o débito en una compra donde alguien, para cobrar, va a tener su tarjeta fuera de su vista (estos son los momentos en que copian los números manual o electrónicamente). Es preferible pagar en efectivo. El mejor ejemplo de esto es si usted va a echar gasolina en su carro y la máquina o bomba expendedora (**gas pump** *gas pómp-p*) no está aceptando tarjetas, pague con efectivo o busque otra gasolinera. Nunca deje su tarjeta con el cobrador en lo que usted echa la gasolina.

b. El **electronic theft**, por lo regular, atenta contra su cuenta de banco directamente y no solo contra sus tarjetas de crédito o de débito. Las recomendaciones son prácticamente las mismas que las de **identity theft**.

c. Los **computer frauds** están emparentados con los dos anteriores, solo que aquí usted suministra información personal a través de la computadora, por ejemplo, cuando compra algo. Mi recomendación es que para pagar, escoja la opción de enviar un giro postal (**money order** *móni árder*), vaya al correo más cercano, compre un giro postal y envíelo por correo. Eso es equivalente a enviar dinero efectivo y usted retiene un comprobante del giro (si envía efectivo no tendrá comprobante).

Recibir su compra le tomará dos o tres días adicionales (enviar un cheque personal le tomaría más tiempo, ya que el vendedor no le enviará su compra hasta que su cheque no sea pagado por su banco), pero usted no corre riesgo de que le roben los números de su tarjeta de crédito.

Aquí se complica algo más la posibilidad de un crimen contra usted porque a todas las anteriores, hay que añadirle la de que un experto en penetración cibernética, comúnmente llamados **hackers** *jáker-s* logre "entrar a distancia" en su computador y robe información confidencial valiosa.

Para evitar eso usted necesita un buen programa (**software** *sof-t uéa-r*) de protección a la privacidad de su máquina, así como no tener dentro de ella ciertos datos personales como números de cuentas bancarias, tarjetas de crédito, números **pin**, etc.

d. El **telephonic fraud** incluye una variedad enorme de dolos, todos culminando en que usted dé sus números personales, sean de Seguro Social o de tarjetas de crédito. Muchos de los fraudes consisten en decirle a usted que se ganó algo, pero... aquí viene el gran "pero", es necesario que pague por el envío del premio y para eso le piden sus números. Como regla general, nunca dé sus números privados por teléfono, computadora ni a alguien que no conozca.

e. Las estafas o **embezzlements**, también apodadas **scams** (*s-kám-s*) pueden provenir de quien usted menos lo espera o de anuncios que ve en la televisión o en los diarios. En tiempos económicos difíciles como los que se viven al momento de escribir este libro, muchos de los scams están orientados a hacerle creer a usted que cierta compañía puede conseguirle un empleo, o un documento que lo ayude a conseguir un empleo, o una oportunidad de negocio propio. Pero... le cobran a usted una cantidad de dinero, por anticipado. Y ahí está el **scam**. Nunca haga negocios con una compañía que le cobre por adelantado para garantizarle un trabajo. La experiencia enseña que es muy raro que ese empleo se concrete y usted pierde lo que pagó.

Con las oportunidades de negocio pasa lo mismo. Le hacen ver que usted puede tener un negocio propio trabajando desde su casa, llenando sobres, ensamblando collares, pegando cintas magnéticas a tarjetas, etc., etc., etc. O simplemente pagando por un "negocio de inversiones" en el que usted paga una cantidad y busca personas que hagan lo mismo de modo que reciba beneficios indescriptiblemente grandes. A este último tipo de negocio le llaman "pirámides" (**pyramids** *píra-míds*) y son ilegales. Sin embargo, debo advertir que los llamados negocios de **network marketing** (*net-uór-k már-ke-tin*), o mercadeo en redes, son legales y usualmente beneficiosos si usted les dedica tiempo. La diferencia principal entre estos y las pirámides es que en estas últimas usualmente ningún producto físico y real cambia de manos, y en una red de mercadeo si hay productos de consumo que se compran y se venden con una utilidad. De hecho, pertenezco a una y hasta conozco muchas iglesias en las que se utiliza una red para generar ingresos.

Si está realmente buscando una opción, o un tipo de negocio propio y legal que le permita ganar dinero desde su casa, esta misma editorial,

Casa Creación, va a publicar otro libro de mi autoría sobre el tema (aún sin nombre) en los próximos meses. En él usted podrá encontrar múltiples tipos de pequeños negocios que se pueden desarrollar, con la ayuda de Dios, desde su propio hogar para aumentar sus ingresos familiares.

f. La extorsión (**extorsion**), o chantaje, no necesita ser descrita. Lo atrapan a usted en una situación inadecuada (a veces propiciada por el mismo chantajista) y le exigen un pago para no divulgar la situación al público. ¿Cómo evitarla? Simple. Viva llevando a Jesús en su corazón y siguiendo la Palabra de Dios y nunca estará en una situación por la cual pueda ser chantajeado. En este tipo de delito el chantajista nunca se conforma con un solo pago. La única solución es buscar ayuda policial.

Secuestro infantil

El **kidnapping** o secuestro infantil, es el más atroz de todos los posibles crímenes porque ataca y hiere a los hijos de Dios más tiernos y más indefensos de la creación… nuestros niños. Cuando alguien secuestra a un niño o niña, lo hace por tres propósitos principales: a) quitarle la criatura a un cónyuge por usuales problemas de custodia infantil después de un divorcio o rompimiento de una pareja bajo condiciones de gran antagonismo; b) para, increíblemente, vender al pequeño en mercados internacionales dedicados al tráfico infantil con matrimonios que desean adoptar un niño y no cumplen los requisitos legales… o lo que es peor, para venderlos a terceras personas con propósitos de uso y abuso sexual; y, c) con propósitos de abuso sexual inmediato tras el secuestro, lo que casi siempre acaba en una enorme tragedia.

Aquí me gustaría advertir que estos tristes crímenes no son exclusividad de este país. Suceden en casi todos, con mayor o menor frecuencia. La diferencia está en que aquí se notan más que en los demás porque hay más medios noticiosos y la noticia es difundida de inmediato. Estos **kidnappings** ocurren regularmente robándose al niño o niña de su propia casa, o tomándolos por sorpresa mientras están caminando por la calle o en un parque.

¿Qué hacer para evitar que un niño o niña nuestro esté expuesto a este peligro?

I. Nunca deje que el niño vaya solo a ningún lugar, ni siquiera a la escuela. Y mucho menos de noche.

2. Hable francamente con sus hijos sobre su seguridad.

3. Enséñelos a correr y huir de una situación peligrosa, nunca hacia ella. Explíqueles que nunca deben estar tan cerca de una persona extraña que le permita a esta dar un salto y agarrarlos. Y que jamás se acerquen a la ventana o puerta de un carro desde el cual le hagan una pregunta tonta. Enséñeles que: Extraño = Distancia.

4. Enséñeles a sus hijos los números de teléfono importantes de usted, de los familiares y de la policía.

5. Haga ensayos con sus hijos en cuanto a posibles situaciones en que los puedan agarrar. Enséñelos que gritar y correr son sus mejores defensas.

6. Vigile los hábitos de sus hijos en la computadora para saber con quién se comunican por las noches. No está invadiendo su privacidad, está protegiendo su vida. Muchos depredadores sexuales se hacen pasar por amistosos compañeros cibernéticos y más tarde provocan un encuentro en el que atrapan al niño.

En la casa

1. Siga las recomendaciones dadas arriba para protección contra **home robberies**.

2. Haga a sus hijos parte del programa de seguridad de la casa. Enséñeles el uso de la alarma y de la importancia de mantener las puertas y ventanas cerradas.

3. Investigue si en las cercanías de su hogar viven depredadores sexuales registrados. El Departamento de Justicia de los Estados Unidos tiene una página de Internet donde puede buscar y saber si alguno vive cerca de usted. La página www.nsopw.gov es de carácter oficial y aparece en español e inglés. Además de ella existen varias páginas privadas colocadas con el mismo propósito informativo, las que puede encontrar usando los "buscadores" **search engines** *sérch énjíns* de su computadora con solo escribir "**sexual predators registry**". Vale aclarar que las personas que aparecen en ese tipo de página de aviso y prevención son las mismas que cometieron algún crimen de tipo sexual, fueron condenadas y cumplieron sus sentencias. Parte de su castigo es permanecer eternamente en esas listas, pero a todo efecto legal, no quiere decir que en la actualidad sean culpables de nada. De todas maneras, es bueno saber quiénes son nuestros vecinos, estén en esas listas o no.

Violación

Es bueno mencionar que para las autoridades federales del país, retener a cualquier persona, de cualquier edad y sexo, contra su voluntad, es considerado secuestro (**kidnap**). Y no todos los secuestradores sexuales se limitan a niños. El secuestro para cometer violación sexual o estupro (**rape**) a mujeres de cualquier edad no es extraño en nuestros noticieros. Para prevenir un ataque de este tipo son útiles las mismas precauciones que para el **mugging**.

En términos legales se considera **rape** a todo acto sexual realizado a otra persona, después que esta haya dicho: "**Stop**" (¡pare!), al agresor. Esto no solo convierte en delito lo que puede haber comenzado como un acto voluntario entre las dos personas, sino que también lo hace dentro de un matrimonio legal.

El número 9-1-1

En los Estados Unidos hay un número telefónico para pedir ayuda a las autoridades. El 9-1-1 *(náin, uán, uán)*, mal llamado 9-11 porque los teléfonos no tienen un dígito 11. Con este número usted puede pedir ayuda a los departamentos de policía (**police department**), bomberos (**firefighting department**) y ambulancias (asistencia médica de emergencia), comúnmente conocido como **Rescue** *res-kíu* (rescate).

Cuando usted lo marca le contesta un **dispatcher** *dís-pát-cher* "despachador" o coordinador, que lo comunicará con el departamento correspondiente. En algunos estados del país, hay operadores de habla hispana. Es importante que nuestros hijos lo conozcan, siempre teniendo en cuenta que si se usa para bromas o situaciones que no sean realmente de emergencia, hay una gran posibilidad de recibir una penalidad de tipo legal, sea multa o prisión.

Pido perdón al lector si este apéndice le ha parecido incongruente. Repito que la intención de su publicación ha sido proveer información que ayude a su seguridad personal y a la de su familia, sea en los Estados Unidos o en cualquier país que resida. Desgraciadamente, vivimos momentos en que la palabra de rigor es precaución (**precaution** *pri-kóu-chen*).

PALABRAS EN ESPAÑOL QUE
SE USAN EN INGLÉS

En nuestro primer libro también tuvimos un extenso apéndice con palabras en español que se usan en inglés y en el que explicamos que el latín había sido uno de los muchos lenguajes que integraron al inglés y, por lo tanto, no era raro encontrar palabras iguales. De hecho, algunas de las palabras que siguen también aparecen en la lista de las 1001 palabras del capítulo 14.

A lo anterior debemos añadir la gran influencia idiomática que ejerció la larga frontera con el "México español" primero, y con el "México mexicano" después, así como todos los nombres —y hasta los gustos y costumbres hispanos— que permanecieron arraigados al territorio mexicano que posterior, y controversialmente, pasó a formar parte del territorio estadounidense.

Las palabras que aparecen ahora en estas páginas son mayormente distintas a las que aparecen en el primer libro, excepto algunas pocas que he dejado a propósito dada su importancia. En todo caso, considere esta lista como una adición a la que aparece en *Aprenda inglés con la ayuda de Dios.*

Lo que no aparece en estas palabras son los acentos hispanos, pues en inglés no existen acentos. Aunque se escriban igual y tengan el mismo significado, las palabras no necesariamente se pronuncian igual en un idioma que en otro. En español tenemos la tendencia a acentuar fonéticamente la última sílaba, y en inglés la tendencia es a acentuar la penúltima o antepenúltima. Pero, ojo, note que digo que son tendencias, no reglas. No todas se acentúan de la misma manera.

Por ejemplo: **Altar**

En español la pronunciamos acentuando fonéticamente la última "a".

En inglés se pronuncia *ál-tar.*

Para que aprecien que lo anterior no es una regla exacta (aunque común), tenemos la palabra **Abdomen**

En español la pronunciamos acentuando fonéticamente la penúltima sílaba, es decir la "o".

En inglés se acentúa la antepenúltima sílaba, *áb-do-men*.

Veamos la lista. Recuerde, si no ve una palabra que debería ser obvia, como "actor", es que debe aparecer en la lista del primer libro. También es posible que alguna palabra le parezca que es americana, italiana o francesa, como "cassette", pero si aparece aquí es que ya está aceptada como española.

A

abdomen
abdominal
admirable
adoptable
aerosol
agape
album
altar
amateur
amen
anal
angel
angora
anorexia
aria
armada
asexual
aura
auto
azalea

B

badminton
backgammon
balsa
banana
barman

C

cabaret
cadaver
calibre
canon
canton
capital
carcinoma
cardinal
caries
cassette
Celsius
celestial
central
centurion
cerebral
chalet
charlatan
cheque
circumcision
clerical
climax
club
coaxial
cobra
combustible
concertina
conclusion
confusion
consular
contralto
contusion
convoy
corrosion
cosmos
cosmopolitan
crescendo
croquet
culpable
curable
cursor

D

debut
debutante
de
facto
deficit
deplorable
dermatitis
detente
detestable
dictatorial
digestible
diskette
dispensable
divan
divisible
doctrinal
dogma
doping
duplex

E

egomania
elector
electro
electron
emir
exclusion
euro
execrable
excursion
expulsion
extension
extra
eczema

F

facsimile
fax
fibrosis
film
flora
flotilla
folklore
forceps
Formica
formidable
fraternal
fresco
fundamental
funeral

funicular
fusion

G

gaga
gangster
gay
gene
genesis
genital
giro
glaucoma
gondola
granular
gratis
groggy
guano
guru

H

habeas
corpus
habitable
habitat
halitosis
handicap
hockey
hobby
hippie
homosexual
horizontal

I

imaginable
imperceptible
impermeable
imperturbable
implacable

imperceptible
imperturbable
imponderable
imprecision
inpracticable
incomparable
incalculable
incognito
incomparable
inconsolable
incursion
indestructible
inevitable
inexcusable
inexorable
inexplicable
infernal
infusion
inseparable
insignia
insular
insuperable
intangible
interminable
interpersonal
intolerable
in vitro
invulnerable
irascible
irrefutable
irreparable
irresistible
irrevocable
irritable

J

Jacuzzi

jazz
jersey
jogging
junta

K

kayak
kilo
kiwi

L

lasagna
lector
legion
libido
limbo
llama
logo
lumbago
lunar

M

machete
machismo
macho
mafia
magenta
mandarin
mango
marsupial
martini
mason
matador
mate
maternal
matrimonial
maxi
medieval

mega
megabyte
menstrual
mental
miasma
mica
microfilm
minibus
miniserie
ministerial
modem
monitor
mono
moral
Mormon
mortal
multi
multicultural
multilateral
multiracial

N

napalm
natural
nave
negro
neo
neurosis
neutron
noble
normal
nostalgia
numeral

O

oboe
operable
opinion

oratorio
ordinal
oregano
oriental
osteoporosis
oval

P

pagoda
pan
panacea
panorama
papa
papal
par
pastoral
pastor
pate
patron
pedestal
peninsula
perceptible
peritonitis
perfume
perversion
peseta
pizzeria
placental
plausible
playboy
post
practicable
prescribe
presentable
preside
primate
prior

propulsion
proscribe
proton
pubis
pseudo
pubis

Q

(No hay)

R

record
rector
religion
renal
reparable
replica
requiem
residual
retro
reunion
ritual
romance
rugby

S

sacramental
saga
sarcoma
secular
semi
semibreve
semi-final
separable
sepia
series
sermon
sexual

siesta
silicosis
slogan
sociable
solo
sonata
soprano
sub
subnormal
subversion
suite
sumo
supersonic

T

tampon
trans
tri
tenor
terminal
terror
tibia
tilde
timbre
tribunal
triceps
trio
tropical
tuba
tuberculosis

U

ultra
union
unisex
universal

V

Velcro
vertical
veto
video
viola
violin
virtuoso
virus
visa
visible
vista
voltage
vulgar
vulnerable

W

(No hay)

X

Xenon

Y

Yak
Yankee
Yoga

Z

Zebra
Zigzag
Zorro

ALGUNOS VERBOS IRREGULARES

Ya usted debe saber que los verbos irregulares son aquellos que no siguen una norma establecida para formar su pasado o participio pasivo añadiendo las terminaciones "d" y "ed"... y que la única manera de aprenderlos es recitándolos como hacíamos con las tablas matemáticas en la escuela primaria.

También debe haber ya estudiado algunos de ellos en los capítulos relacionados con los verbos o dentro de las oraciones y ejemplos dados en diversas ocasiones.

Para ayudar a que su conocimiento de ellos aumente, he recopilado aquí unos cien verbos irregulares adicionales para que se los aprenda poco a poco. ¿Cómo?... como he venido recomendándole capítulo tras capítulo. Hágase el firme propósito de aprender dos o tres diariamente y en poco tiempo los dominará todos. Usted puede, porque con la ayuda de Dios, todo se puede.

PRESENTE		PASADO	PARTICIPIO PASADO
Become	(volverse)	became	become
Begin	(empezar)	began	begun
Bend	(doblar)	bent	bent
Bid	(apostar)	bade	bidden
Bind	(atar)	bound	bound
Bite	(morder)	bit	bitten
Bleed	(sangrar)	bled	bled
Blow	(soplar)	blew	blown
Break	(romper)	broke	broken
Breed	(criar)	bred	bred
Bring	(traer)	brought	brough
Burn	(quemar)	burnt	burnt
Burst	(reventar)	burst	burst
Buy	(comprar)	bought	bought
Catch	(agarrar)	caught	caught
Choose	(escoger)	chose	chosen
Cling	(aferrarse)	clung	clung
Come	(venir)	came	come
Creep	(arrastrarse)	crept	crept
Dig	(cavar)	dug	dug

Dive	(zambullir)	dove	dived
Draw	(dibujar)	drew	drawn
Dream	(soñar)	dreamt	dreamt (dreamed)
Drive	(manejar)	drove	driven
Drink	(beber)	drank	drunk
Eat	(comer)	ate	eaten
Fall	(caer)	fell	fallen
Feed	(alimentar)	fed	fed
Feel	(sentir)	felt	felt
Fight	(pelear)	fought	fought
Flee	(huir)	fled	fled
Fling	(lanzar)	flung	flung
Fly	(volar)	flew	flown
Forbid	(prohibir)	forbade	forbidden
Forget	(olvidar)	forgot	forgotten
Forgive	(perdonar)	forgave	forgiven
Freeze	(congelar)	froze	frozen
Get	(coger)	got	gotten
Grow	(crecer)	grew	grown
Hear	(oír)	heard	heard
Hide	(esconder)	hid	hidden
Keep	(guardar)	kept	kept
Kneel	(arrodillar)	knelt	knelt
Know	(conocer)	knew	known
Lead	(dirigir)	led	led
Learn	(aprender)	learnt	learnt
Leave	(dejar)	left	left
Lend	(prestar)	lent	lent
Lie	(yacer)	lay	lain
Light	(encender)	lit	lit
Lose	(perder)	lost	lost
Make	(hacer)	made	made
Mean	(significar)	meant	meant
Meet	(encontrar)	met	met
Mistake	(confundir)	mistook	mistaken
Overdo	(sobrehacer)	overdid	overdone
Overtake	(superar)	overtook	overtaken
Overthrow	(derrocar)	overthrew	overthrown
Pay	(pagar)	paid	paid
Plead	(rogar)	pled	pled
Prove	(probar)	proven	proven
Ride	(montar)	rode	ridden

Ring	(timbrar)	rang	rung
Rise	(levantar)	rose	risen
Run	(correr)	ran	run
Saw	(serruchar)	sawed	sawn
Say	(decir)	said	said
See	(ver)	saw	seen
Seek	(buscar)	sought	sought
Sell	(vender)	sold	sold
Send	(enviar)	sent	sent
Sew	(coser)	sewed	sewn
Shake	(sacudir)	shook	shaken
Shave	(afeitar)	shaved	shaven
Shine	(brillar)	shone	shone
Shoot	(disparar)	shot	shot
Show	(enseñar)	showed	shown
Shrink	(encoger)	shrank	shrunk
Sing	(cantar)	sang	sung
Sink	(hundir)	sank	sunk
Sit	(sentar)	sat	sat
Sleep	(dormir)	slept	slept
Speak	(hablar)	spoke	spoken
Speed	(correr)	sped	sped
Spend	(gastar)	spent	spent
Spill	(derramar)	spilt	spilt
Stand	(parar)	stood	stood
Steal	(robar)	stole	stolen
Sting	(picar)	stung	stung
Stink	(apestar)	stank	stunk
Strike	(golpear)	struck	struck
Swear	(jurar)	swore	sworn
Sweep	(barrer)	swept	swept
Swell	(hinchar)	swelled	swollen
Swim	(nadar)	swam	swum
Take	(tomar)	took	taken
Teach	(enseñar)	taught	taught
Tear	(desgarrar)	tore	torn
Tell	(decir)	told	told
Think	(pensar)	thought	thought
Throw	(tirar)	threw	thrown
Understand	(comprender)	understood	understood
Uphold	(mantener)	upheld	upheld
Wake	(despertar)	woke	woken
Wear	(usar)	wore	worn
Weave	(tejer)	wove	woven

Weep	(sollozar)	wept	wept
Wind	(enroscar)	wound	wound
Win	(ganar)	won	won
Wring	(exprimir)	wrung	wrung
Write	(escribir)	wrote	written

Para cualquier persona que tenga intenciones de vivir en los Estados Unidos es importante conocer algunas costumbres que son parte de la vida diaria de sus ciudadanos. Aquí les describo algunas de las más relevantes.

Fumar o no fumar

En muchos de nuestros países, fumar es un pasatiempo o una actividad tan normal que se vuelve un reflejo automático. Casi todos lo hacen, a veces sin darse cuenta de que lo están haciendo.

En cambio, en los Estados Unidos cada vez son más las limitaciones para el fumador (**smoker** *s-móu-kar*), en base a todos los descubrimientos médicos de las pasadas décadas que han comprobado los efectos dañinos al organismo humano del humo del cigarrillo, a quien lo fuma... y a quienes rodean al que fuma.

Lo anterior ha llevado al gobierno a prohibir fumar en los edificios e instalaciones gubernamentales y a muchos edificios y lugares públicos y privados a prohibir o restringir el fumar, como por ejemplo, los restaurantes. Con el pasar de los años, ya hay más no fumadores (**non-smokers** *nan s-móu-kars*) en el país, que fumadores.

De modo que si usted es fumador, antes de encender su cigarillo en cualquier lugar, investigue si está permitido, aunque sea en una casa privada. Lo educado es preguntar: **"Is it OK with you if I smoke?"** *Isit Okéy wiz ya if ái s-móu-k?* ¿Le molesta si fumo?

Recuerde que para los estadounidenses, cuando usted fuma le está haciendo daño también al que está a su lado.

Teléfonos celulares

¿Dónde puede ir usted en estos días sin que haya una persona cerca hablando por un teléfono celular?

Estos aparatitos tan útiles, que ya se conocen solamente por su apellido —"celulares" (**cellulars** *cé-liú-lar-s*)— pueden, sin embargo, convertirse en una molestia (**nuisance** *nú-san-z*) para usted... si es otro el que lo usa a viva voz, muy cerca de donde usted está.

Hasta ahora, la única manera en que se ha tratado de limitar su uso es si usted está manejando un vehículo, dado el mayor riesgo de tener un accidente por causa de la conversación que se esté llevando a cabo. Esto se hace cumplir por la policía en algunos estados y ciudades, aunque no en todos, de manera que antes de usar uno mientras guía un auto, averigüe si está permitido en ese lugar porque si no, lo pueden multar... como me ha pasado a mí.

Por otro lado, si usted es una persona educada, le corresponde no convertirse en una molestia para otros en ciertos lugares públicos. En los teatros (**theaters** *zía-sers*), cines (**movie theaters** *mú-vi zía-sers*), restaurantes (**restaurants** *res-to-rants*), bibliotecas (**libraries** *lái-brerís*), etc., apague su aparato o póngalo a vibrar en vez de timbrar. De recibir una llamada mientras esté allí, retírese a algún lugar más privado o apartado para conversar.

Millas y kilómetros

En la mayoría de los países hispanos medimos las distancias usando el sistema métrico decimal que nos dicta el uso de kilómetros (mil metros) para las distancias entre dos ciudades o lugares distantes. En Estados Unidos se usan millas (**miles** *máil-s*).

Quizás, si usted ya ha manejado en su país, esté acostumbrado a que el auto, si es estadounidense, marque la distancia recorrida en millas, aunque las marcas de distancia en la carretera estén en kilómetros. ¿Qué lío, no es cierto?

Pero aquí, todo se marca en millas, las señales en la carretera, el marcador de su carro, los números en los mapas, etc. Eso nos hace la vida más fácil, excepto si nuestro cerebro está todavía adaptado a pensar en kilómetros. Cuando alguien nos dice: "Eso está a cien millas de aquí", debemos hacer un esfuerzo mental y no pensar que está a cien kilómetros sino a ciento sesenta kilómetros, ya que una milla es igual a 1.6 kilómetros.

"Daylight Saving Time" y los "Time Zones"

Daylight saving time (*déi-lái-t séi-ving tái-m*) es la práctica de adelantar y retrasar el reloj en los Estados Unidos durante ciertos meses del año para que haya más luz solar en las tardes y menos en las mañanas. La teoría es que la población duerme más en las mañanas y no necesita la luz, la cual es necesaria en las tardes para que haya más productividad en el trabajo y un regreso más seguro al hogar.

Aunque la práctica tiene sus detractores, se realiza anualmente adelantando el reloj una hora al comienzo de la primavera (en el segundo domingo de marzo) y retrasándolo una hora en el otoño (el primer domingo de noviembre). Los días y horas exactos en que hay que hacer el cambio oficial son dados a conocer a través de los medios noticiosos.

Time zones. Los Estados Unidos ocupan un territorio tan grande que debido a la rotación de la Tierra, una ciudad puede tener una hora diferente a otra en cualquier época del año. Para tener un control de estas diferencias se establecieron las diferentes **time zones** *(tái-m zó-uns)* o "zonas horarias". Estas se basan en la hora oficial mundial del Meridiano de Greenwich, pero con propósitos de simplificación concentrémonos en las cuatro zonas principales del país (en realidad tiene diez zonas, ya que Alaska, Hawaii y algunos territorios tienen zonas propias).

Digamos, solamente para un ejemplo, que en New York son las 6:00 p.m. Veamos, New York pertenece a la zona **Eastern Standard Time (EST)** *(íster-n s-tán-dard tái-m)* o zona estándar del Este, que cubre los estados de la costa oriental del país.

Si esa es la hora en el **EST**, en los estados más al occidente, al centro del país, llamada **Central Standard Time (CST)** *(cén-tral s-tán-dard tái-m)*, o zona estándar del *centro*, es una hora menos, o 5:00 p.m.

Siguiendo el viaje hacia el Oeste, la siguiente zona —y la menos usada—, es la de algunos estados montañosos que yacen antes de llegar a la costa occidental. En esta zona, la **Mountain Standard Time (MST)** *(mán-tein s-tán-dard tái-m)*, o zona estándar de la *montaña*, la hora es dos horas menos que en el **EST**, o sea, las 4:00 p.m.

La última zona es la ocupada por los estados de la costa Oeste, que es bañada por el océano Pacífico, y por lo tanto se llama **Pacific Standard Time (PST)** *pací-fic s-tán-dard tái-m*, o zona estándar del Pacífico, donde la hora es tres horas menos que en **EST**, o, en este caso, las 3:00 p.m.

Así concluyo esta obra, esperando que en cualquier país o "**time zone**" que usted se encuentre, sea hora de perfeccionar su inglés con la ayuda de Dios. Con Él, todo se puede.

"Yo les brindo buena enseñanzas, así que no abandonen mi instrucción"

"I give you sound learning, so do not forsake my teaching"

(Proverbios 4:2)